I0181160

Félix Lope de Vega y Carpio

Las ferias de Madrid

Barcelona 2024
Linkgua-ediciones.com

Créditos

Título original: Las ferias de Madrid.

e-mail: info@linkgua.com

Diseño de cubierta: Michel Mallard.

ISBN tapa dura: 978-84-1126-318-4.
ISBN rústica: 978-84-9816-204-2.
ISBN ebook: 978-84-9897-735-6.

Sumario

Brevísima presentación

La vida

Félix Lope de Vega y Carpio (Madrid, 1562-Madrid, 1635). España.

Nació en una familia modesta, estudió con los jesuitas y no terminó la universidad en Alcalá de Henares, parece que por asuntos amorosos. Tras su ruptura con Elena Osorio (Filis en sus poemas), su gran amor de juventud, Lope escribió libelos contra la familia de ésta. Por ello fue procesado y desterrado en 1588, año en que se casó con Isabel de Urbina (Belisa).

Pasó los dos primeros años en Valencia, y luego en Alba de Tormes, al servicio del duque de Alba. En 1594, tras fallecer su esposa y su hija, fue perdonado y volvió a Madrid. Allí tuvo una relación amorosa con una actriz, Micaela Luján (Camila Lucinda) con la que tuvo mucha descendencia, hecho que no impidió su segundo matrimonio, con Juana Guardo, del que nacieron dos hijos.

Entonces era uno de los autores más populares y aclamados de la Corte. En 1605 entró al servicio del duque de Sessa como secretario, aunque también actuó como intermediario amoroso de éste. La desgracia marcó sus últimos años: Marta de Nevares una de sus últimas amantes quedó ciega en 1625, perdió la razón y murió en 1632. También murió su hijo Lope Félix. La soledad, el sufrimiento, la enfermedad, o los problemas económicos no le impidieron escribir.

Personajes

Guillermo, buhonero
Pierres, buhonero
Lucrecio, caballero
Adrián, caballero
Claudio, caballero
Belardo, viejo
Violante, dama, su hija
Patricio, su marido
Dos muchachos
Un Muchacho que vende aguardiente
Tres villanos
Roberto, caballero
Leandro, caballero
Alberto, caballero
Eufrasia, dama
Teodora, su criada
Eugenia, dama
Un Escudero viejo
Isidro, lacayo
Un Ladrón
Un Alguacil
Eugenia, dama
Estacio, paje
Fregona
Hombre, embozado
Moreno
Dos criados

Jornada primera

(Salen Guillermo y Pierres, buhoneros.)

Guillermo

¿Que en esa acera pusiste
tu aparato y tienda, Pierres?
Guarda que el lance no yerres
que en la de enfrente tuviste.
No te fue mal otros años
con el puesto que te di.

Pierres

Antes, por ganar, perdí;
hay un provecho y mil daños.

Guillermo

Pues la luz, ¿no es de importancia?

Pierres

Sí, pero tiene aquel lado
descubierto y me han robado
la mitad de la ganancia.

Guillermo

¡Qué bien nos dio de comer
el amigo!

Pierres

¡Largo cuenta!
A fe que tiene pimienta,
pero no para beber.
Conocíle yo en Amberes,
pobre y de bellaco talle,
que vendía por la calle
hilo, antojos y alfileres,
y agora está rico a costa
de nuestras pobres haciendas.

Guillermo

¿Descubriremos las tiendas?

Pierres — Ganar quieres por la posta.

Guillermo — Mal me fue por la mañana.

Pierres — Descubre, que dio la una.

Guillermo — Espero mejor fortuna
si esta tarde no se gana.

(Descubren las tiendas, y sale Lucrecio.)

Lucrecio — ¡Oh, pesia tal con el pesado yugo,
que a fuerza quiere ya romper el cuello
y que ha de ser un vulgo mi verdugo!
Colgada veo de un sutil cabello
toda la fuerza del cabello mío.
Rómpase ya, que gusto de rompello
Maldiga Dios aqueste desvarío
de ferias o de diablos, que me tiene,
antes que entre el invierno, helado y frío.
Todos los años por aciago viene
la fiesta de este santo, como martes,
y para todos es fiesta solene.

(Sale Adrián.)

Adrián — ¿Úsase, por ventura, en otras partes
aquesta negra feria o borrachera,
grande invención de un bachiller en artes?
Paréceme esta plaza a la quimera,
compuesta de oro, paños y cebollas:
aquí cuelga un tapiz; allí, una estera.
También se venden perlas como pollas,

y como rica seda, verde esparto,
camas de campo y coberteras de ollas.

Lucrecio ¿Dónde bueno, Adrián?

Adrián Cansado y harto.

Lucrecio ¿De ver la feria?

Adrián Más de huir la feria.

Lucrecio ¿Huir? ¡Mala señal!

Adrián No tengo un cuarto.

Lucrecio ¡Por Dios, que ha sido general miseria!
En cueros he quedado.

Adrián Así nacistes;
tendréis menos calor.

Lucrecio Y más laceria.
Contadme, pues, las ferias que le distes
a la señora doña

Adrián Quedo; basta,
no la nombréis.

Lucrecio ¿Parece que la vistes?

Adrián Dile de ferias una gran canasta.

Lucrecio ¿Qué tantas fueron?

Adrián — No, la cesta sola.

Lucrecio — Empeñado quedáis.

Adrián — Mucho se gasta.

Lucrecio — ¡Ah, quién fuera serpiente que la cola
metiera en los oídos al encanto
de un: «¡Dadme ferias, dadme ferias!». ¡Hola!
¿Qué es aquesto, señor? ¿Dice algún santo,
algún doctor, algún antiguo o nuevo,
que esto tenga razón?

Adrián — De vos me espanto.
¿No lo recibe el vulgo? Yo lo apruebo,
que pone leyes como el rey.

Lucrecio — ¡Ah, carga
de vil pobreza, que a los hombros llevo!
Reciba el vulgo que la calza larga
llegue al tobillo, y la camisa, al hombro
adobada y tiesa, que parezca adarga;
y los sombreros, como yo los nombro,
panes de azúcar, y que chico y grande
se igualen en vestir, que no me asombro,
todo lo sufro bien; pero no mande
que la feria de aquél que compra y vende
tan recibida entre mujeres ande.
Si el otro vende y compra, no se entiende
que, porque él lo dé sin alcabala,
aquella ley aquésta comprende.
Si mi dama quiere alguna gala,
para dársela yo, ¿qué es de importancia
que lo mande la feria?

Adrián Es ley.

Lucrecio Es mala.
Feria, ¿qué dice?

Adrián Pueblos son en Francia,
¡por Dios!, que habéis de dar o ser un necio.

Lucrecio Por dar lo soy.

Adrián Apruebo la ignorancia.

Lucrecio El que la hacienda tiene a menosprecio,
gaste, deshaga, trueque, cambie, corte,
aquesto compre, aquello ponga en precio;
pero el que vive, como yo, en la corte
de solo su milagro, ¿no es forzoso
que en dar lo que no tiene se reporte?

Adrián ¡Por Dios, que andáis, Lucrecio, escrupuloso!
¿Con el vulgo os tomáis?

Lucrecio ¿Pues no?

Adrián Dejadle,
que es monstruo de mil formas espantoso.
Confieso yo que os quieran y de balde,
sí aquesto puede ser, que en amor puede,
y tiene la pobreza el padre alcalde.
Y cuando tanto bien se le concede
al pobre enamorado, que su dama
de solo puro amor pagada quede.
¿No veis? Que sale el pajecillo, el ama,

la vecina, la deuda, hermana o prima
con quien ha de cobrarse nueva fama.
  Y que como a las tales no lastima
el regalo que hacéis a la parienta,
y cada cual el interés estima,
  si no las contentáis, está la cuenta
tan en la mano y la ocasión tan cierta,
que habéis de veros en notable afrenta.
  Luego, la moza que os abrió la puerta,
os la cierra con mil inconvenientes
y en todo un año no la halláis abierta.
  La hermana dice luego que las gentes
murmuran de aquel hombre, y que es mal hecho
abrir la boca a tantos maldicientes,
  y que es hombre galán, mas tan estrecho
como de la cintura del dativo,
y que es un hombre honrado y sin provecho,
  y que hay otros cien mil, y algún cautivo,
hombre de gusto, honor, hacienda y talle,
que en dar la suya no se muestra esquivo.
  Una y otra comienzan a alaballe,
y alábanle de suerte, que en dos días
le dejan sin la dama y en la calle,
  donde, si hacéis más llanto que Macías,
se han de reír de vos.

Lucrecio — Amigos vienen.

(Salen Claudio y Roberto.)

Roberto — Podéisles dar algunas niñerías.

Claudio — ¿De éstas que ahora los buhoneros tienen?

Roberto — Así me lo parece.

Claudio — Que otras tiendas,
ni por el pensamiento me convienen.
Tengo empeñadas por Madrid mil prendas
por esta negra...

Roberto — ¡Paso! ¿Qué hay, amigos?
Bien es que tal lugar le reprehendas.

Lucrecio — Roberto, ¿cuándo fuimos enemigos
del señor Claudio?

Claudio — Nunca tal, por cierto:
antes mis secretarios y testigos.

Adrián — Bésoos las manos.

Claudio — Juego al descubierto
con gente honrada.

Lucrecio — A lo menos, vuestra.
¿Qué habéis feriado?

Claudio — Dígalo Roberto.

Roberto — Muy poco o nada, que en la casa nuestra
han hecho las mujeres voto expreso
de no pedillas.

Lucrecio — ¡Virtuosa muestra!

Claudio — Si va a decir verdades, pierdo el seso
por unos ojos de una rebozada,

y aquí se me ha perdido.

Adrián ¡Bueno es eso!

Claudio Yo sé que es buena ropa y que me agrada,
y a fe que, si la encuentro, que sospecho
que ha de volver con ferias y obligada.

Adrián Si por ventura somos de provecho,
iremos en su busca.

Claudio Enhorabuena,
que a todo llevo descubierto el pecho.

Lucrecio ¿Adónde la perdistes?

Claudio Iba llena
esa Calle Mayor de cortesanos,
y allí se me perdió.

Adrián Pues no os dé pena:
moved los pies y aparejad las manos.

(Vanse, y salen Eufrasia, dama, y Teodora, criada suya, con mantos y rebozo; un Escudero viejo con ellas. Hablan las dos aparte.)

Eufrasia (¿Cómo haremos, Teodora,
para engañar este viejo)

Teodora (¿Cómo? Tomando el consejo
que ayer te dije, señora.
¡Maldito sea, y qué necio!
¡No se hiciera perdedizo!)

Escudero ¡A fe que está llovedizo!
¡No tiene un pantuflo precio!
Como salen del calor,
daña mucho la humedad.

Eufrasia (¡A fe que dices verdad;
eso será lo mejor.)
¡Ah, Juan Francisco!, ¿no oís?

Escudero No oigo a vuesas mercedes.

Eufrasia ¿Cómo?

Escudero Quítanme el Paredes,
el Mendoza y el Solís.
En otras casas me honraban:
llamábanme todo el nombre.

Eufrasia (Aparte.) (¡Qué pesado que es el hombre!)

Teodora Por cierto, necias andaban.
Hacéis, mi señora, ultraje.
¿No basta un nombre decir?

Escudero Huélgase el hombre de oír
lo bueno de su linaje;
siempre el bien hablar se estima.

Eufrasia Andad por mi prima luego.

Teodora ¡Qué sosiego!

Escudero ¿Qué sosiego?
¿Por su prima?

Eufrasia — Por mi prima.

Escudero — ¿Estará agora en su casa.

Eufrasia — Si no estuviere, no venga,
y si está, no se detenga.

Escudero — ¿No ve la gente que pasa?
Haràle mal al preñado.

Eufrasia — ¡Anda con la maldición!

Escudero — ¡Harto buenas ferias son!

Teodora — Por ellas está enojado.
Dale sus ferias, señora.

Eufrasia — Tomad esos cuatro reales.

Escudero — ¡Ellos son de manos tales!
¡Dios te lo pague, Teodora.
Agora voy en un brinco.
¿Dónde aguarda?

Eufrasia — En San Miguel.

Escudero — Quede con ella.

Teodora — Y con él
vaya él mismo.

Escudero — Y otros cinco.

(Vase el Escudero.)

Eufrasia ¿Que se fue? ¡Gracias a Dios!
A solas hemos quedado.

Teodora El parte bien descuidado.
¿Qué habemos de hacer las dos?

Eufrasia Meternos entre esa gente,
donde aquéste no nos halle.

Teodora Echemos por esta calle
a aquellas tiendas de enfrente.

Eufrasia ¡Buena está la ropería!

Teodora ¡Qué hermoso manteo aquél!
¡A fe que hiciera por él
cualquiera bellaquería

Eufrasia ¿Sirviérasme de alcahueta?

Teodora ¿Hay en él para los dos?

Eufrasia Yo ruin y la manta vos.

Teodora ¡Ay, señora, qué discreta!
¡Bienhaya quien te parió!
¡Con razón te sirvo y amo!

Eufrasia Ya llega gente al reclamo.

Teodora De aquesos ojos salió.
¡Por tu vida, mi señora,

que no seas boba! Tomemos
lo que nos dieren, pues vemos
tan buena ocasión agora.

Eufrasia Tengo lo que he menester,
y, al fin, si vengo a tomar,
he de obligarme a pagar.

Teodora Todo lo puedes hacer.
¡Por mi alma que eres necia!
Si no quieres para ti,
déjame tomar a mí,
que soy pobre y no Lucrecia.
¿No harás bien a tu criada?
¿No es mejor, aunque porfías,
que te sobren niñerías
y no que te falte nada?

Eufrasia ¡Ay, Teodora, mi marido!

Teodora ¿Por dónde?

Eufrasia Vesle, allí viene.

Teodora Que te encubras te conviene,
pues no sabe que has salido.

Eufrasia Ya sabes la necedad
de sus celos ordinarios.

(Sale Alberto, caballero, e Isidro, lacayo.)

Alberto A fe que son necesarios
dineros en cantidad.

¿Salió fuera tu señora?

Isidro — Cuando salí quedó en casa.

Alberto — ¡Buena es la ropa que pasa!

Eufrasia — (Éste me conoce agora.)

Alberto — ¡Estos son los bellos ojos!
¡A fe que el manto es bizarro!
¿Para qué tanto desgarro?
¿Para qué conmigo enojos?
¿Soy registro del lugar?
(Aparte.) (¡Conózcola, vive Dios,
y aun sospecho que a las dos!)

Isidro (Aparte.) — (¡Podémosla pellizcar!)
Diga, señora cuñada

Teodora — ¿Cuñada? ¿Han visto el picaño?

Isidro — Óyete, Mateo de hogaño...

Teodora — Daréle una bofetada.

Isidro — Si mi señor se concierta,
luterana, has de estar
mano sobre mano, o dar
gritos en la casa, puerca.
Echa fuera esa limpieza,
¡bienhaya quien te parió!,
y daréte ferias yo.

Teodora — No me quiebre la cabeza.

Alberto — En eso no ha de parar.
Daré ferias; daré, digo;
más Pedro soy que Rodrigo:
sé dar y tengo qué dar.
Lleguemos a aquella tienda.

Eufrasia — Enhorabuena, lleguemos.
(Aparte.) — (Teodora, ¿qué tomaremos?)

Teodora — (Cuanto hubiere que se venda.)

Alberto — Llama ese gabacho, Isidro.

Isidro — ¿Duerme, buen hombre?

Pierres — Aquí estoy.

Isidro — Agora es cuando te doy
cuatro sortijas de vidrio.

Pierres — ¿Qué quiere vuesa mercé?

Eufrasia — Alcanzad esa cadena.

Alberto — ¿Es oro?

Pierres — Oro y plata.

Eufrasia — ¿Es buena?
La cadena tomaré,
Denme un espejo.

Alberto — ¿Un espejo?

	Pero éste dárosle tengo si os miráis.
Eufrasia	Soy fea y vengo revuelta; no os lo aconsejo después de las ferias dadas, porque la gana no os quite.
Alberto (Aparte.)	(Su discreción me derrite.) Serán muy bien empleadas.
Isidro (Aparte.)	(¡Qué tierno está mi señor!)
Teodora (Aparte.)	(De sus mismas carnes como.)
Eufrasia	Aquestas sortijas tomo.
Pierres	Mirad que tienen valor, que son las piedras rubís.
Alberto	Antes en mano tan noble valdrán las piedras al doble.
Eufrasia	Por cierto, bien lo decís.
Alberto	¿Aún no veremos la mano? Mostrad; ¿por qué la escondéis? ¡Qué buena mano tenéis! .... [-ano].
Teodora	¡Dame ferias, borrachuelo, si acaso vengo contigo!
Isidro	¿Qué digo, monsieur, qué digo?

¿Tiene acaso un morteruelo?

Eufrasia (Aparte.) (Tápate bien.)

Teodora (Aparte.) (Bien estoy.
Calle, que están deslumbrados.)

Alberto ¿Tenéis guantes?

Pierres Extremados.

Teodora Dame ferias.

Isidro No, me voy.

(Salen Eugenia, dama, y Estacio, paje.)

Eugenia ¿Dónde tu amo quedaba?

Paje Calzando una bota justa,
y que te acompañe gusta.

Eugenia (Aparte.) (¡Qué bien ocupado estaba!)
¿Y mandó que no saliera
si tú no venías conmigo?

Paje Más se guarda siendo amigo
que si tu marido fuera.
Témese de la ocasión,
que hoy es día de juicio.

Eugenia Mal me conoce Patricio.

Paje Es hombre y tiene afición.

Una feria suele hacer
en diversos corazones
mil cartas de obligaciones.

Eugenia — Antes las suele romper.

Paje — Esa razón lo confirma;
que, porque se rompe allí,
se viene a firmar aquí.

Eugenia — ¡Con buena pluma lo firma!
¡Todo lo vence interés!
Ahora bien; si alguien saliere
y buenas ferias me diere,
¿dirásselo tú después?

Paje — Dirélo sin falta alguna:
soy fiel a mi señor.

Eugenia — De esa lealtad y temor
nace tu pobre fortuna.
¿Y si la mitad te doy
de lo que alguno me diere?

Paje — Resistiré si pudiere.

Eugenia — ¿Y si no?

Paje — Perdido soy.

(Salen Lucrecio, Adrián, y Roberto, y Claudio.)

Claudio — En efecto, no parece.

Roberto — Todo la gente lo encubre.

Lucrecio — ¡Qué buen lance se descubre!

Adrián — ¡No es peor el que se ofrece!

Claudio — Hacia las tiendas se llega;
cojámosla en medio, pues.

Roberto — ¿Es Fabia?

Adrián — Sí, Fabia es.

Lucrecio — ¡No es, por Dios!

Roberto — Claudio se pega.

Adrián — Bien hace; tiene dinero.

Eufrasia — Aqueste espejo me agrada;
hace la toca delgada:
es señal que es verdadero.

Alberto — ¿Que no os he de ver la cara?
¡Ello va en desgracia mía!

Isidro — ¿Llámaste Juana o Lucía?

Teodora — No me llamo sino Clara.

Isidro — Pues Clara, no andes a oscuras;
las cintas te pagaré
como te agrade mi fe.

Teodora Tarde engañarme procuras.
(Aparte.) (¡Que no nos han conocido!)

Claudio ¡Ea, aquesta dama es mía!

Eugenia ¿Vuestra? ¿Cómo?

Claudio Por un día.

Adrián (Aparte.) (¡Buena elección ha tenido!)

Lucrecio Dama habéis sido hechicera.

Eugenia ¿Cómo?

Lucrecio Muy bien escogistes,
porque la bolsa le vistes.

Adrián Y que no lo mismo fuera;
al fin, entre todos vio
al que tenía dineros.

Alberto ¿Que, al fin, no tengo de veros,
mi vida?

Eufrasia Digo que no;
pero seguidme y sabréis
mi casa.

Alberto ¿Estáis bien pagado?

Pierres Sí, mi señor, y obligado
a la merced que me hacéis.

Alberto — Pues vamos, señora mía.

Eufrasia — Venid conmigo.

Isidro — ¡Ea, boba,
mándame como a tu escoba,
que eres más clara que el día!

(Vanse Alberto y Eufrasia, y Teodora y el Lacayo, Isidro.)

Claudio — ¿Este espejo os contentó?

Eugenia — Paréceme bien.

Claudio — Tomadle.
¿En cuánto?

Guillermo — En doce, es de balde;
un escudo me costó.
¡Estoy para hacer dineros!

Claudio — ¿Hay sortijas?

Guillermo — ¡Y qué tales!
éstas son a veinte reales.

Claudio — ¿Queréisnos dejar en cueros?

Roberto — ¿Qué más valieran de oro?

Guillermo — De oro no valen tanto.

Claudio — Ello es feria; no me espanto.
(Aparte.) (¡Echemos la capa al toro!)

Lucrecio (Aparte.) (A la del niño echo el ojo.)

Eugenia (Aparte.) (¡Qué gracioso está el muchacho!)

Adrián (Aparte.) (Entretenedme el gabacho
mientras que cuatro le cojo.)

Roberto Hareos pala si partís.

Eugenia ésta del fénix me agrada.

Claudio Debéis de andar abrasada.

Eugenia ¿Esto es ámbar?

Guillermo Ámbar gris

Eugenia ¡Buena sarta! Al fin me agrada.

(Sale un Ladrón.)

Ladrón (Aparte.) (¡Mal me va con esta feria!
El mayor lance es miseria:
ni hurto, ni medro nada.
En el hábito villano
suelo en otras hacer robos;
pero en la corte no hay bobos:
anda el dinero en la mano,
y si anda en la faldriquera,
es al lado de la espada,
adonde está más guardada
que si mil llaves trajera.
No hay invención de provecho;

de hambre muere el hurtar
después que han dado en usar
aquestos golpes del pecho.
   Llegar quiero a aquella tienda.)

Claudio
Veros tengo, pues yo soy
el que estas ferias os doy.

Eugenia
Sea que nadie lo entienda.
   Mirad que no soy, a fe,
muy fea. Parézcoos mal?

Claudio
No sois, a fe, sino tal
como yo os imaginé.

Lucrecio
   ¿Qué quiere, señor galán?

Ladrón
Mirar, señor.

Adrián
Mire, amigo.

Claudio
Roberto, mirad que os digo,
¡vive Dios!, que es un caimán.
   No sé qué tengo de hacer;
de mal se me hace pagar,
que éstos me pueden gritar
si la acertasen a ver.
   Es un demonio.

Roberto
¡Por Dios,
que me habéis hecho reír!

Ladrón (Aparte.)
   (Yo hice mi lance. ¡A huir!)

(Escóndese por el paño. Hablan aparte los cuatro.)

Lucrecio (¿Qué están hablando los dos?)

Adrián (Pediräle algún dinero.)

Roberto (Dos remedios serán buenos.
Decidle que echastes menos
la bolsa...)

Claudio Tomo el primero,
que sin falta es el mejor.
(Tomá; que os la quiero dar;
que vos la podéis guardar,
no nos entiendan la flor;
porque yo sacaré el lienzo
y haré que me la han hurtado.)

Roberto Mostrad.

Claudio Si está en este lado,
haced cuenta que comienzo.
Pero esperad, ¡por Dios vivo,
que no parece...

Roberto ¿Qué, qué?

Claudio Aquí la metí, y no sé...

Roberto Cosa que os suceda al vivo...

Claudio ¡Por Nuestro Señor, Roberto,
que ha sido al pie de letra!

Lucrecio — Mucho el gabacho penetra
que os ha de ver, estoy cierto.

Claudio — ¿No es bueno, señor Lucrecio,
que en este punto me han dado
golpe a la bolsa y sacado
dinero y cosas de precio?

Lucrecio — ¿Cómo, cómo?

Claudio — Treinta escudos
y dos sortijas me lleva.

Eugenia (Aparte.) — (Apostaré que me prueba.)

Adrián — Habéisnos dejado mudos,
aunque, si digo verdad,
pienso que os arrepentistes
de las ferias que le distes.

Claudio — ¡Qué graciosa necedad!
Juro a Dios solemnemente
que me llevan lo que digo.

Roberto — Agora, estando conmigo.

Lucrecio — ¡Roberto estaba presente!
¡Alto!, esto es hecho; reíos.
¡Veis que me estoy yo ahorcando
y estáis riendo y burlando!
¡No fueran dineros míos!
Siempre tuve aquesta dicha.
¡Ah, pesia...!

Adrián — ¡Tened, por Dios,
que aquí quedamos los dos
a suplir vuestra desdicha!
No digo a dar el dinero,
sino a pagar lo comprado.

Claudio (Aparte.) — (Quedaré, ¡por Dios!, medrado;
yo soy lindo majadero.)

Adrián — Ahora bien, porque esta dama
desconsolada no vuelva,
uno de dos se resuelva.

Lucrecio (Aparte.) — (Apostaré que me llama.)
¿Decíslo, Adrián, por mí?

Adrián — Pues ¿por quién?

Lucrecio — No tengo blanca

Adrián — La dama me queda franca.
¿Pagaré por Claudio?

Lucrecio — Sí.

Adrián — ¿Qué monta lo que ha tomado?

Claudio — Cinco escudos.

Adrián — Ésos son.
Tomaré la posesión.

Lucrecio — Tomadla, si habéis pagado.

Adrián ¿Sabré de vuesa merced
la casa, con su licencia?

Eugenia No os puedo hacer resistencia.

Adrián Recibirélo en merced.
Aguárdenme por ahí,
que vuelvo al punto.

Roberto En buen hora.

Eugenia ¿No vamos?

Adrián ¿Vamos, señora?
¿Por adónde?

Eugenia Por aquí.

Adrián ¿Es vuestro este gentilhombre?

Eugenia Mío es; no tengáis pena.

Adrián Vamos muy enhorabuena.

(Vanse Adrián y Eugenia.)

Paje En merced os tengo el nombre.

Claudio ¡Bueno he quedado, por Dios,
sin dineros y sin dama!

Lucrecio De pícaro tenéis fama;
esto para entre los dos.
Por no pagar lo fingistes.

Claudio ¡Oh, pesia tal!

Lucrecio No os matéis.

Claudio ¿Decís que no lo creéis
y juraré que lo vistes?

(Salen tres villanos con sombreros hilvanados, y dos muchachos con palos.)

Villano I ¡El diablo es este Madril!
¡Voto al Sol, que hay mala gente!

Villano II Desde que entré por la puente,
ha andado el diablo sutil.
Guarda bien las faldriqueras,
que hay ladrones de ventaja.

Villano III Compadre, ¿compraste raja?

Villano I Sí.

Villano III ¿De cuál?

Villano I De las primeras.

Villano II La de las Navas, verdosa.

Villano I ¡Es muy bonita mezclilla!

Villano II ¡Por Dios, Cosme, la pardilla
me pareció milagrosa!

Muchacho I (Aparte.) (Llegad vos por aquel lado.)

Muchacho II — Pues, compadres, ¿cómo va?
¿Habemos feriado ya?

Villano III — Pardiez, poco se ha feriado.
¡Oh, pésete mi linaje!
¿Quién me dio?

Claudio (Aparte.) — (Quedo, ¿no veis?)

Ladrón (Aparte.) — (¡Paso, no lo alborotéis!)

Roberto (Aparte.) — (¡Buena es la intención del paje!)

Villano II — ¡Qué palo me han sacudido!

Muchacho II — ¿A cómo van los sombreros?
¡Bravo casco!

Villano I — Son groseros.
(Aparte.) (Las espaldas me han rompido.)

Muchacho I — ¿No compraste boleados
de la horma segoviana?

Villano III — ¡Compré el diablo!

Muchacho II — Es fina lana,
y los negros extremados;
pero mánchanse en lloviendo.
Los contrahechos me agradan.

Villano II — Y a mí los palos me enfadan,
que estó callando y sufriendo.

¿Vos veis aqueste embeleco?

Claudio (Aparte.) (¡Oh, cómo el paje es picaño!
¡Bien disimula!)

Villano I Es de hogaño.
¿Veis quién nos da?

Villano III Siento el eco.

Roberto (Aparte.) (¡De risa estoy reventando!)

Muchacho II ¡Bonica está la faldilla!
¿Cuánto cuestan?

Villano III Con toquilla,
catorce. ¿Estánse burlando?
¿Son ellos. diga?

Muchacho I ¿Y son malos?

Villano II Los que el sombrero os vendimos.

Villano III (Aparte.) (¿No son de quien recibimos
aquesta limosna en palos?)
Lorenzo, vamos de aquí.

Villano I Lleguemos a aquella tienda.

Villano III (Aparte.) ¡Verá que el diablo lo entienda!
(¿Son duendes?)

Villano I (Aparte.) (Creo que sí.)

Lucrecio (Aparte.) (¡Qué primor tiene el bellaco!
¡Bravamente les sacude!)

Roberto (Aparte.) (¡Cómo a responderle acude!)

Villano III ¿Tenéis cintas?

Guillermo Ya las saco.

(Sale Adrián.)

Adrián ¡Buen lance habemos echado?
Claudio, consolaos conmigo.

Lucrecio (Aparte.) (Contento viene el amigo.
debe de haber negociado.)

Adrián ¡Ah, mujeres embaidoras,
lleve el diablo quien se fía
de vuestra...

Roberto ¡Paso!

Lucrecio Estaría
hecha Lucrecia seis horas.
¿Es por aquesto el enojo?

Adrián ¿Por aqueso había de ser?
Hame echado la mujer
el agraz dentro del ojo.

Claudio ¿Cómo así? ¿Salió muy fea?

Adrián Ya solo en eso parara,

que nunca la nueva es cara,
por desollada que sea.

Roberto
Pues ¿qué? ¿Topóla el marido?

Adrián
Vuesas mercedes querrán
fisgarme.

Lucrecio
¿Vióla el galán?
¿Han por ventura reñido?

Claudio
¿Hablaréis para otro año?

Adrián
Dejemos aparte enojos;
aunque me fisguen los ojos,
les he de contar mi daño.
¿Desde cuándo acá la casa
de enfrente de San Ginés
tiene dos puertas?

Lucrecio
¿No es
la que a nuestra calle pasa?

Adrián
La propia.

Lucrecio
Pues bien...

Adrián
Pues bien,
no ha sido sino muy mal.
Entramos en el portal,
y el gentil hombre también.
Díjome: «Señor galán,
yo subo a ver una amiga;
cuanto una palabra diga,

me esperad en el zaguán».
  Yo, como de la salida,
la entrada no había sabido,
quedéme allí divertido,
paseando la comida.
  Como tardaban, a un hombre
de casa le pregunté
por la que arriba no fue
y por el buen gentilhombre.
  Dijéronme: «No pararon,
que así como aquí vinieron,
por esa puerta salieron
y a esotra calle pasaron;
  y aun a fe que iban burlando»,
y ella dijo al escudero:
«¡Bueno queda el majadero!»
Y, al fin, quedéme majando.

Claudio — ¡No puedo sufrir la risa!

Lucrecio — ¡Bueno ha sido, vive Dios!

Claudio (Aparte.) — (Esto para entre los dos.
¿cuánto os lleva?)

Adrián (Aparte.) — (¡Aprisa, aprisa
matadme! ¿Qué puedo hacer?)

Lucrecio — ¡Salido habéis con la empresa!

Adrián — Del dinero no me pesa;
mas ¡que me burle mujer!

Claudio — «Ahora bien; porque esa dama

desconsolada no vuelva,
uno de dos se resuelva.»
¡Qué buena ocasión se llama!
  «La dama me queda franca.
¿Pagaré por Claudio? Sí.»

Adrián ¡Vengado os habéis de mí!

Claudio Al uso de Salamanca;
  pero buena gravedad
tuvistes en viendo al hombre.
«¿Es vuestro ese gentil hombre?
Vuestra casa me enseñad.»
  ¿Qué monta? Pagallo quiero.
«Cinco escudos.» «Estos son.
Tomaré la posesión.»

Lucrecio ¡Mejor tomara el dinero!

Roberto   Ahora, lo que es importante,
es que la dama busquemos.

Lucrecio ¡Sí, por Dios!

Claudio ¿Por dónde iremos?

Lucrecio Por esa plaza adelante.

(Vanse los cuatro.)

Villano II   Un alfiler me han metido
de estos de dos a la blanca.
¿Esto llaman feria franca?

Villano III — Su alcabala se ha tenido;
no vengamos a Madril
hasta...

Villano I — Sí, que bueno vais.

Muchacho II — ¿No miraréis como vais?

Villano II — El engaño está sutil.

Muchacho II — ¿Habéis de matar un hombre?
Debéis de venir borracho.

Guillermo — Vos no le...

Muchacho I — ¿Qué habla el gabacho?

Guillermo — ¿Y el gallego?

Muchacho II — Ése es mi nombre.
¡Estése en su tienda y calle!

Villano II — Ahora bien, vamos de aquí.

Guillermo — Y ellos se guarden de mí,
que tienen bellaco talle.
¡Yo les echaré un alano
que me los ponga a la sombra!

(Vanse los villanos, y los muchachos, y sale Violante, dama, vestida de labradora, y Leandro con ella.)

Leandro — Quien de ese nombre se nombra,
no tiene el pecho villano.

Labradora de mi vida,
decid qué campos labráis,
y decidme si os llamáis
labradora o homicida.
¿Dónde queréis que se corte
el paño de esa librea?
Pues hacéis la corte aldea,
cielo será vuestra corte.
¡Ojos bellos, labradores,
puede ser que allá labréis,
pero acá, no lo dudéis,
que matáis almas de amores!

Violante ¡Qué de lisonjas al viento!

Leandro ¿Lisonjero me llamáis?
Mal hacéis, pues me afrentáis,
y yo bien, pues no me afrento.
¡El alma os da lo que debe!

Violante Yo os lo agradezco sin ella.

Leandro ¿Cómo os criastes tan bella,
opuesta al Sol y a la nieve?
Que sois milagro asegura
ver que criase en el suelo
la nieve ese Sol del cielo
y el Sol esa nieve pura;
mas ¿quién duda que los dos,
aunque envidiosos de veros,
no pudieron ofenderos
de enamorados de vos?
Y ofreciendo sus despojos
en esa alegre figura,

la nieve os dio su blancura
y el Sol la luz de los ojos.

Violante

Por cierto, señor, que os debe
mucho una toca embozada:
heme aquí, helada y quemada,
compuesta de Sol y nieve.
Ya puedo, si algún villano
toma mi padre por yerno,
darle calor en invierno
y helado fresco en verano.

Leandro

¡Quién fuera aquel labrador,
tan bueno entre muchos buenos,
pues ya siento, por lo menos,
juntos el frío y calor!

Violante

Pues no os lleguéis, ¡por mi vida!,
pues tal peligro corréis
de que os heléis o queméis,
y el uno al otro se impida
y muráis de dos contrarios.

Leandro

Tanto me quema el amor
como me hiela el temor.
Remedios son necesarios.

Violante

No los pidáis en aldea
como aquésta, sin virtud,
que no hay doctor, ni salud,
ni cosa que buena sea;
que si alguno desatina
de esta enfermedad de amar,
del uno al otro lugar

solemos llevar la orina.
Y en cuanto vos divertido
y yo necia y poco diestra,
podré, por llevar la vuestra,
llevar la de mi marido.
Y cuando ese mal me duela,
si va la vuestra, señor,
conoceràla el doctor
y diráselo a mi abuela.

Leandro (Aparte.) (¡Por Dios, que burla de mí!
Es discreta cuanto bella.
Algún misterio hay en ella.)
¿Casada sois?

Violante Señor, sí.

Leandro ¿Y tenéis abuela?

Violante ¿Es mucho?
También yo soy.

Leandro No sois vieja;
que si el rebozo no deja
veros, vuestra habla escucho;
que si es tan regalada
la voz, tan sutil y tierna,
que muestra bien que os gobierna
la flor de la edad dorada.

Violante No debéis de hablar de veras;
mas no os lo quiero negar.
Sabed que vengo a cerrar
para las hierbas primeras.

Leandro — Mostrad, veamos la boca.

Violante — ¿Sabéis de esto?

Leandro — ¡Sí, por Dios!

Violante — Aunque se parece en vos,
que me toquéis no me toca.
¿Veis esta sarta de perlas
y aquestos rojos corales?
Labios y dientes son tales.

Leandro — Dejadme verlos y verlas;
que sois testigo pariente
y no daréis buena fe.

Violante — Ni aun falsa, no la daré
por todo el oro de Oriente.

Leandro — Esa es mala cristiandad;
debéisme un próximo amor.

Violante — Vos también me sois deudor
en próxima voluntad.

Leandro — ¿Yo deudor? Creer podéis
que os adoro.

Violante — ¡Gran locura!
¿Y manda Dios, por ventura,
que al próximo le adoréis?
¿Veis cómo os falta, señor,
la próxima voluntad?

Leandro — A fe que dices verdad;
pero sóbrame el amor.

Violante — A cuantas tiendas me llego...

Leandro — Probarme quieres sin falta.

Violante — ¿Cómo voluntad tan alta
tiembla llegándose al fuego?
Sabed que es la fragua el dar
donde se apura el amor.

Leandro — Si es el dinero el calor,
poco tengo que apurar.
Ahora bien. Vos, mi señora,
tenéis rico entendimiento
y más noble pensamiento
que pecho de labradora;
mirad para entre los dos
lo que un pobre puede dar,
y aqueso podéis tomar,
que eso pagaré por vos.

Violante — Vuestra llaneza me agrada,
y esa humilde confesión
me obliga a la absolución
de que no me compréis nada;
mas, con todo, será bien
que alguna deuda me quede.

Leandro — Mirad lo que un pobre puede,
y eso de la tienda os den.
¿Pensáis que me vuelvo atrás?

Violante — Si vos dais lo que podéis,
lo mismo que un duque hacéis;
no estáis obligado a más.
  Buen hombre, de ahí me corte
seis varas de voluntad.

Pierres — Esa no tengo, en verdad,
que no se vende en la Corte.
  ¡Extraña cosa me manda
que le corte! ¿Piensa, acaso,
que la voluntad es raso,
lienzo, rajeta o holanda?

Leandro — Ella la sintió al revés,
y ese modo de pedir
es querer darme a sentir
que nunca supo lo que es.

Pierres — Quizá no nació con ella.

Leandro — ¿Tan nueva os halláis, señora,
que pedís un corte agora?
¿Queréis hacer faldas de ella?
  ¿Y no es mala para ahí,
o tan ancha la tenéis
que por varas la daréis?

Violante — Estoy por decir que sí;
  pero vos ¿no me dijistes
que solo aquello os pidiese
que un pobre darme pudiese,
y esa confesión hicistes?

Leandro
Aqueso os dije, es verdad.

Violante
Pues eso solo he tomado,
que un pobre no está obligado
a dar más que voluntad:
o es amor, o es interés.
¡Malhaya la que pidiere
al pobre, si al pobre quiere,
lo que esta prenda no es!

Leandro
¿Hay más bien que desear?
¡Oh, noble! ¡Oh, virtuoso pecho!
En esa razón sospecho
que no sois de este lugar,
cuyas mujeres, que el velo
de vergüenza estiman poco,
al pobre llaman el loco
y al rico el octavo cielo.
Digo entre las que profesan
poca virtud porque hay llenas
esas plazas de mil buenas,
que en esto no se atraviesan;
pero, porque no digáis
que no os doy alguna cosa,
pedid, labradora hermosa,
cuanto en la tienda veáis
que tendré un ánimo en daros
tanto mayor que la tienda,
cuanto es mayor el hacienda
que la gloria de obligaros.

Violante
¿Cómo os llamáis?

Leandro
Yo, señora,

Leandro.

Violante — Pues es forzoso
que seáis muy animoso.

Leandro — Deseo mostrarlo agora.
¡Ofrézcase mi remedio
y en medio se ponga un mar!

Violante — Menos tenéis que pasar,
sola esta tienda hay en medio.

Leandro — Pues tráigase un pregonero
y véndanme por esclavo,
que, desde este al otro cabo,
comprarla y dárosla quiero.
Mi señora, ¿en qué dudáis?
Ya Leandro se desnuda.

Violante — Perdiéndome voy, sin duda.

Leandro — Apuesto que me ganáis.

Violante — ¡Traviesa lengua tenéis!

Leandro — Es fuego, que no hay sufrillo.

Violante — ¿Cuánto vale este abanillo?

Leandro — ¿Agora viento queréis?
Por estas ferias ya pasa;
un regalillo es mejor.

Violante — Es para templar, señor,

ese fuego que os abrasa.

Leandro — La mano podrá sin él...

Violante — Daros algún bofetón,
y será de condición
que os acordéis siempre de él;
tengo pesada la mano.

Leandro (Aparte.) — (¡Ya me quebrase la boca;
pero si en ella me toca,
quedaráme el pecho sano!)

Violante — ¿Son estas cajas de antojos?

Pierres — Sí, señora.

Violante — Mostrá, a ver.

Leandro (Aparte.) — (¿Qué antojos ha menester
quien tiene tan bellos ojos?)

Pierres — ¡Qué buenas lunas, qué tiesos!

Violante — ¿Para qué tantos sacáis?

Leandro — Por uno que me cumpláis
os compraré todos esos.

Violante — Estoy de otros tantos llena,
que nunca se satisfacen.
¡Qué buena mano que hacen,
si es verdad que larga es buena!
Así llamaba los celos

el otro antiguo poeta.

Leandro (Aparte.) (Es curiosa y es discreta.)

Violante No son celos, sino cielos;
celos dizque son antojos
que hacen grande la letra.

Leandro Antes fuego que penetra
el alma desde los ojos.

Violante Ya me los quito enojada,
que aquesta definición
muestra que en otra prisión
tenéis el alma prendada;
si lo que es celos sabéis,
querido habéis por mi fe.

Leandro ¿Luego yo también diré
que habéis querido o queréis
pues sabéis su inquietud?.

Violante No, no; vámonos despacio.
Leílo en un cartapacio,
¡así Dios me dé salud!,
y por una amiga mía
sé milagros de este mal.

Leandro (Aparte.) (¿Quién ha visto gracia igual?)

Violante ¿Tenéis una escribanía?

Pierres Y la mejor que hay, en suma.

Violante — No importa; sea cualquiera.

Pierres — Con tintero y salvadera
y lugar para la pluma.

Violante — Pagad ésa a aqueste hombre,
que aquésta quiero y no más.

Leandro — ¿Cuánto vale?

Pierres — Dos y as.
¿Cinco queréis que los nombre?

Leandro — Tornad y volvedme tres.

Pierres — Éste es dos y éste es sencillo.

(Sale un Alguacil, que trae preso al Ladrón.)

Alguacil — ¡Qué mal pensaba encubrillo
ni escaparse por los pies!
¡Quite el capote, ladrón;
desvalije lo que tiene!

Violante — Señor, mucha gente viene;
yo me voy.

Leandro — Tenéis razón.
¿Queréis hacerme un placer
de pasaros por mi casa?

Violante — ¿Dónde es?

Leandro — Poca gente pasa;

podéis entrar a beber,
que tengo alcorzas de boca,
con una caja no mala.

Violante — En el portal, no; en la sala.

Leandro — Solo agradaros me toca.

Violante — .... [-usto].
Aquesta humildad me vence.

(Vanse los dos.)

Alguacil — ¡Ea, bellaco, comience!

Ladrón — Que me trate mal no es justo;
mire que soy hombre honrado.

Alguacil — ¿Qué oficio tiene?

Ladrón — Soy sastre;
sino que, por un desastre,
oficio y tienda he dejado.

Alguacil — Muestre las manos a ver.
¡Miren qué callos aquéstos!
¡Éstas son de guantes puestos,
y no manos de coser!
¡Venga conmigo el picaño!

Ladrón — No me maltrate, le digo.

(Salen Alberto, Eufrasia, Isidro, y Teodora.)

Alberto — Mirad que venís conmigo;
no receléis vuestro daño.
¿Qué cosa podéis temer?

Eufrasia — Decísme que sois casado
y habéisme agora obligado
a temer vuestra mujer.
No me llevéis a su casa.

Alberto — Ella debe de andar fuera.

Alguacil — Irá de aquesta manera.

(Vanse el Alguacil y el Ladrón.)

Alberto — Retiraos, que gente pasa.

Eufrasia — Señor, un hombre casado,
¿para qué me quiere a mí?

Alberto — ¿Qué importa? Aquello está allí
como en el arca guardado.
¡Siempre es sabroso lo ajeno!

Eufrasia — ¡Callad, hombre sin razón;
que no hay puerta al corazón.
Todo está de guardas lleno!
Dadme que la mujer quiera,
que el guardarla es imposible.

Alberto — Es una santa.

Eufrasia — ¿Es posible?

Alberto — A lo menos, por de fuera.
Pero, al fin, ella me enfada;
creed que verla no puedo;
donde estoy la tengo miedo;
es muy necia y porfiada;
razonable talle tiene,
pero es muy soberbia y loca.

Guillermo — Cerrar las tiendas nos toca,
Pierres, que la noche viene.

Pierres — Ya bien nos podemos ir.

Eufrasia — ¿Tan mala es vuestra mujer?

Alberto — Es mala para querer
y buena para vivir,
es honrada y no es muy bella.

Eufrasia (Aparte.) — (¡Por Dios, sufrirlo no puedo!
Descúbrome!)

Alberto (Aparte.) — (¡Paso, quedo!
¡Juraré que estoy con ella!)
Mujer, ¿sois vos?

Teodora — Yo también.

Isidro — ¿Eres tú Teodora?

Teodora — Sí

Isidro — Que nunca te conocí.

Eufrasia	Buen hombre, ¿paréceos bien?
Alberto	Digo que sois el demonio.
Eufrasia	Ahora bien: no me ha pesado de tener marido honrado, tan bastante testimonio. «¿Qué importa? Aquello está allí como en el arca guardado. Siempre es sabroso lo hurtado.»
Alberto	Bueno, ¿hacéis burla de mí?
Eufrasia	«Es una santa, y me enfada; creed que verla no puedo; donde estoy la tengo miedo; es muy necia y porfiada; razonable talle tiene, pero es muy soberbia y loca.» Vos tenéis vergüenza poca, y que calle ya os conviene. Ahora bien; no más que estáis algo corrido y turbado. ¡Buenas ferias me habéis dado, y algo corrido os quedáis! Vente conmigo, Teodora.
Teodora	¿Qué le parece al picaño? Bien hemos feriado hogaño.
Isidro	Agradécelo a señora; que de aquesas carnes puras lo que te di te sacara.

Teodora ¿Cómo te llamas?

Isidro ¿Yo? Clara.

Teodora Bellaco, quédate a oscuras.

(Vanse las dos.)

Alberto ¡Qué buenos hemos quedado!

Isidro Mis dineros me cuesta.

Alberto También me alcanza la fiesta.
Mis dineros me ha costado.
Hogaño, aunque no he querido,
di ferias a mi mujer.
Bien me ha sabido coger.
Con extremo estoy corrido.
¡Que haya dado ferias yo
a la que más aborrezco!
Cualquiera pena merezco.
Ella hablará y callo yo.

Isidro ¡Que yo diese a Teodorilla
cuanto he ganado este mes!

(Sale Leandro.)

Leandro (Aparte.) (Imposible pienso que es;
pero intentaré seguilla.)
Señor Alberto, a buen tiempo.
¿Sabe que un lance me pasa
tal, que me ha dado en mi casa
un rato de pasatiempo?

Que entre estas ferias y tiendas
anda este niño rapaz;
creo que es, en un disfraz,
una mujer de hartas prendas.
He estado hablando con ella,
que me ha quitado el juicio.
No penséis que habla de vicio;
quedo sin habla por ella.
Pidióme que yo la diese
un anillo que tenía
y otro me dio que traía.

Alberto ¡Por Dios, que es bueno si es ése!
¡Extremado es el diamante!

Leandro No reparemos en esto,
que va lejos de este puesto,
y hame de ser importante
que vuestro Isidro la siga,
porque ella, al fin, me mandó
que no la siguiese yo,
que a tanto el amor me obliga.

Alberto Pues ¡sus! decidle quién es
y sabrá la calle y casa,
y si el amor os abrasa
solicitadla después.

Leandro ¡Oh, Amor, hazle que acorte
el paso.

Alberto ¿Por dónde iba?

Leandro Por aquesa calle arriba

a las Audiencias de Corte.
Ya llegará a Santa Cruz.

Alberto
Ya anochece; caminemos.

Leandro
No importa, que la veremos
con los rayos de su luz.

Isidro
¿Es cometa?

Leandro
Sí, y estrella,
y el mismo Sol, y es el día,
y es fuego, y es lumbre mía;
yo la vi y muero por ella.

Isidro
¡Qué graciosos epitecios!
¡Qué de bolina y maraña!
Y será alguna picaña
de aquéstas que engañan necios.

Fin de la primera jornada

Jornada segunda

(Salen Adrián, Lucrecio y Leandro, en hábito de noche.)

Adrián ¿A qué parte decís iba la ronda?

Lucrecio De aquella parte de San Luis arriba.

Adrián No hay secreto lugar que se le esconda.

Lucrecio Subiendo por la calle de la Oliva
columbré las linternas, y, de un vuelo,
bajéme al Carmen, y hacia el Carmen iba.
Los pies aprieto sin tocar el suelo,
a la puerta del Sol llego, y adonde
henchí de colación el pañizuelo.
Llamé a Leandro, y como ya se esconde
de unos días acá del trato nuestro,
al cabo de dos horas me responde.
Al fin salió, y al aposento vuestro
venimos ambos, que sin vos no hay gusto.

Adrián En todo os reconozco por maestro.
¿Cómo calla Leandro?

Lucrecio Algún disgusto
le debe de apretar más que el coleto,
aunque le viste por extremo justo.

Adrián ¿Qué tienes, Durandarte?

Leandro Un mal secreto.

Lucrecio Por el francés lo dice el pobre mozo.

Leandro Eso será.

Adrián ¿Confiésalo, en efeto?

Lucrecio Toca esos huesos; quítate el rebozo.

Leandro Déjame; bueno estoy.

Lucrecio Ni aun medio bueno.
¡Vive Dios, que le echemos en un pozo!

Leandro Duéleme un lado; offéndeme el sereno.

Adrián ¿Hará que hasta el jubón le desabroche?

Leandro Veráse el pecho de cenizas lleno.

Lucrecio No te melancolices, que esta noche
ha de haber zarabanda hasta la cinta,
al son de bamboleo y carricoche.
Tres somos; esta tercia hagamos quinta.
Llamemos al buen Claudio y a Roberto.

Adrián ¿Quién duda que estarán de presa y pinta?

Lucrecio Y si hubiera guitarra, que más cierto
salieran al son.

Adrián Pues eso de los gayambos.

Lucrecio Es bravo zarabando al descubierto.
Dobla muy bien el cuerpo y los pies zambos;
con buen compás y con mejor donaire.

Adrián Huélgome de eso.

Lucrecio Pues haréislo entrambos.

Adrián Leandro ayudará, que así al desgaire
.... [-uda]
danza cualquiera cosa con buen aire.

Lucrecio ¿Qué nos estás mirando, estatua muda?

Leandro Que no os burléis de manos, que me enfado.

Lucrecio Haré sin falta que al reclamo acuda.
Esta es la reja.

Adrián Espera, que embozado
quiero esperarle, y en saliendo cierro
con un espaldarazo por el lado.

Leandro Sea enhorabuena; mas sabed que es yerro
hacer con el amigo pruebas tales,
que en burlas suele entrarse tanto hierro.
En burlas suelen suceder mil males,
y si le acobardáis correrse tiene,
y es afrentar los hombres principales.

Adrián Paso; callad, que sale.

Lucrecio Hablando viene.

(Salen Claudio y Roberto.)

Claudio Dadme aquese broquel.

Roberto — No vais cargado.

Claudio — Dejadme vos; llevarle me conviene.
¡Oh, pesia tal! La puerta me han tomado

(Danle.)

Lucrecio — Paso, que amigos somos.

Claudio — ¿Quién?

Lucrecio — Lucrecio,
Leandro y Adrián.

Claudio — Es excusado.
ésos son amigos, y un desprecio
cual éste no me hicieran mis amigos.

Adrián — Dejad las armas ya, que sois un necio.

Claudio — Querríanme probar. Sonme testigos
aquestos brazos, que en cualquiera tiempo
acostumbro a esperar los enemigos.

Lucrecio — Es fuerte como un Cid.

Leandro — Venís a tiempo.

Roberto — ¿Adónde iremos a tener un rato?
Donde se gaste en gusto y pasatiempo.

Adrián — Brisena vive allí.

Roberto ¿La del retrato,
por quien acuchillaron al amigo?

Claudio Téngola por mujer de hidalgo trato.
Leandro, ¿cómo callas?

Leandro Voy conmigo
tomando ciertas cuentas al deseo.

Claudio Dejemos eso mientras voy contigo.
¿Habémonos de holgar?

Leandro Eso deseo,
como servirte siempre.

Claudio Dios te guarde.

Roberto Hagamos media noche.

Lucrecio Así lo creo.
Pero primero haremos un alarde
de las cosas de gusto.

Adrián Leandro, vamos
en casa de Rufina.

Leandro Agora es tarde.
Habráse ya acostado. Cerca estamos
de aquella nuestra amiga.

Adrián ¿La embaidora?

Leandro Donde el espejo la otra noche hurtamos.

Adrián Yo tengo miedo que le pida agora.
Mejor será que vamos a esta esquina.

Roberto ¿Quién se ha pasado aquí?

Adrián Vive Leonora.

Roberto Pues ¿no vivía aquí doña Agustina?

Adrián Ya se pasó a la calle de la Espada.

Lucrecio ¿Cuál de todos conoce a Felicina?

Roberto Yo la conozco; mas está enojada
conmigo sobre un negro cabestrillo,
y nunca suele abrir a camarada.

Leandro ¿Quién es una ojinegra, de amarillo,
que suele entrar en misa en la Vitoria?

Adrián ¡Ta, ta! No la nombréis, tiemblo en oíllo.
Servila un tiempo.

Leandro ¿Y hubo más?

Adrián Fue historia.
Es mujer que del mismo pensamiento
quiere hacer ensalada y pepitoria.

Roberto ¿De qué manera?

Adrián Servían ya de asiento.
Habéisla de servir para mil años;
y como conoció mi mal intento

cerró la voluntad a mis engaños,
y en aquella casilla, a la malicia,
ventana y puerta, a fuerza de mis daños.
Pensé vengarme, vino a su noticia,
recatóseme mucho, pero en vano,
que vine a entrar llevando la justicia.

Roberto — Aquí vive Teófila.

Claudio — Tengo mano
con esa dama. Llamaré sin falta.

Lucrecio — Llamad.

Claudio — ¿Duermes, mis ojos?

(Asómase la Fregona a la ventana.)

Fregona — ¿No es temprano?

Claudio — Hablan en la ventana.

Lucrecio — En la más alta.
...........................[-enta].

Fregona — ¿A tal hora nos llama y sobresalta?

Claudio — ¿Duerme tu ama?

Fregona — ¿Quién le pide cuenta
al muy bellaco si mi ama duerme?

Claudio — Óyete, sota, y ábrenos la venta.
¿Querrá decir agora que ha de verme

la cara ochenta veces con la lumbre?

Fregona — Basta que piensan pesadumbre hacerme,
pues recojan allá la pesadumbre.

Leandro — ¡Guardad de abajo!

Lucrecio — ¡Oh, pesia mi linaje!

Adrián — ¿Es agua de fregar o servidumbre?

Roberto — Romperéle la puerta, haré que baje
por donde el agua vino. Espere un poco.

Adrián — No derribéis la puerta.

Roberto — De coraje
estoy

Claudio — Hecho un estiércol.

Roberto — Estoy loco.
¿Hay una piedra acaso? No parece.
Todo es blandura cuanto piso y toco.
¡Que no ha de haber alguna en que tropiece!

Leandro — Venid acá, señor; ¿queréis vengaros?

Roberto — ¿Eso decís?

Leandro — Pues esto me parece.
Que vais por Tristanejo, que enterraros
puede, con su guitarra, esta fregona,
y el aire que os dará podrá enjugaros.

Roberto — No me parece mal. Voy en persona.
¿Vive en casa del doctor?

Leandro — De la otra parte.

Roberto — A fe que ha de cantalle lo que Antona.
Voy a buscarle.

Leandro — En esta misma parte
nos hallaréis.

Claudio — ¡Qué buen donaire tiene!

Lucrecio — Como una bala de escopeta parte.

Adrián — Sentémonos aquí mientras que viene.

Claudio — Tiendo mi capa.

Lucrecio — Tiendo yo la mía.
¡Qué mal la media noche se entretiene!

Adrián — ¿Quién sabe alguna historia?

Leandro — Yo podría
contar alguna.

Lucrecio — Cuéntala.

Leandro — No puedo,
que tengo miedo al venidero día.

Claudio — ¿Hanlo de descubrir? por todos quedo

como fiador que se me encubra y calle.

Leandro — Déjalo estar, que no me deja el miedo.

Lucrecio — Digamos mal.

Adrián — Escúchanos la calle.

Claudio — Digamos de Roberto, que está ausente.

Adrián — ¿Qué hay que decir? Es ruin y de mal talle.

Lucrecio — Diez años más la vida se te aumente.

Claudio — Decidme agora: ¿de qué trae Raimundo
tanto vestido, mesa, casa y gente?

Leandro — De los milagros que sustenta el mundo.

Lucrecio — ¿Esa historia os parece milagrosa?
¿Mirastes hoy la calza de Facundo?

Claudio — ¡Extremada, por Dios, que es muy costosa,
y aquel gurbión es de invención gallarda,
y el entorchado, peregrina cosa!

Leandro — Mejor parece la de Alberto parda,
y es de aquella labor.

Lucrecio — Dadle de mano,
aunque la limpia, la compone y guarda.
Colores en el hombre cortesano
lo mismo son que en el soldado el negro.
El vestido de corte es negro y llano.

Adrián	la bayeta por el primo o suegro
cuando se ofrece que dineros falten.

Leandro	Yo siempre viendo la color me alegro.

Adrián	Pues ¿quién puede dudar que no se salten
de la frente los ojos tras la raja,
que mil pestañas de color esmalten

Leandro	¿Y sois de parecer que sea tan baja
la calza como aquella de Leonido?

Adrián	A todas las demás hace ventaja.
La calza larga fue gentil vestido
para cubrir la pierna o zamba o flaca;
sin fieltro el muslo ha de caer tendido.

Leandro	Tenéis razón, que la cintura saca
con más donaire, y a la que esto falta
es a lo viejo y le darán matraca.
Cuando se usaba tan redonda y alta,
como toda la pierna descubría,
echábase de ver cualquier falta.
El que no era bien hecho no podía
parecer entre gentes ni vestilla,
y esotro por extremo parecía.
Agora un muslo flaco y la rodilla
salida afuera, que es gran falta encubre
cualquiera calza.

Claudio	Es nueva maravilla.

Adrián	¡Qué bien el cuerpo, Claudio, se descubre

con un coleto largo por la falda!
Casi lo mismo la rodilla cubre.
Ha de tener, a modo de guirnalda
cualquier coleto, un cerco de abanillos.

Leandro — Doblado el cuello, saca bien la espalda.

Adrián — Usábanse unos cortos brahoncillos
que daban poca gracia.

Leandro — Pasó el plazo.
No sé, ¡por Dios!, quién puede ya sufrillos.
Cuando es grande el brahón, sácase el brazo
con linda gala, y cuando no, parece
que está pegado allí como un pedazo.

Claudio — Agora que a propósito se ofrece,
quiero saber por qué habéis siempre usado,
pues en la corte a todos se guarnece,
traer por el talón desaforrado
el zapato que os calzan.

Lucrecio — Porque llega
con menos puntos y mejor calzado,
y sin aforro al pie se pega;
que cuando le dejáis viene más justo.

Leandro — Muy bien, ¡por Dios!, de su derecho alega.

Adrián — ¿Y esto de los sombreros?

Lucrecio — Eso es justo;
unos le traen bajo y otros alto.

Claudio Esos extremos con el medio ajusto.

Lucrecio Este largo de falda y aquél falto,
unos con trencellín y otros toquilla.

Claudio ¿Queréis que demos un notable salto?

Adrián No; cortemos primero una ropilla,
a lo menos calzones o greguesco.

Leandro Ese primor le saben en Sevilla.
¡Qué bien le cortan! ¡Qué galán y fresco!
Que, al fin, es traje de verano.

Lucrecio Y malo.
Honrada es una calza a lo tudesco.

Adrián ¿Es aquella linterna?

Claudio Con su palo.

Leandro ¿Huiremos?

Lucrecio Paso, [paso], no huyamos.

Leandro Yo por aquesta calle me resbalo.

Claudio Volved acá, de dos en dos nos vamos.
¿Qué nos pueden hacer?

Lucrecio Solo es un hombre.
Sin qué ni para qué nos levantamos.

(Pasa un Hombre embozado, con una linterna.)

Leandro — Caso es aquéste que a una piedra asombre.
¡Ah, libertad preciosa de la corte!
Bien me permitiréis que así la nombre.
¡Que un hombre no se espante ni reporte
de ver cuatro que estamos a esta esquina
y no preguntare lo que le importe!
Que pase por el medio ¿no es mohína?

Claudio — A mí más me amohína la linterna.
Los ojos me encandila y desatina.
El que la lleva así, como discierna
alguna gente, tápela en mal hora.

Adrián — Quebrarle quiero ¡vive Dios! la pierna.
¿No habrá en el mundo alguna piedra agora?

Lucrecio — Dejadle, vaya.

Claudio — De hambre estoy muriendo.

Adrián — Todos lo estamos.

Lucrecio — Aquí un hombre mora
que hace tortas y las va vendiendo
a mediodía por la calle.

Claudio — Bueno.
¿Abrirá si llamamos?

Lucrecio — En oyendo.

Leandro — Llamad más recio.

Lucrecio ¿Ah, señor Moreno?

Moreno ¿Quién llama a tales horas?

Lucrecio Cuatro amigos
que aquesta noche andamos al sereno.
¿Tiene algo que nos dar?

Moreno Muy buenos higos
y un agua como nieve.

Claudio Qué, ¿es morisco?
Aquí de su bautismo habrá testigos.

Moreno ¿Son ya las dos?

Claudio Sí.

Moreno ¡Qué buen aprisco!
Sepan que porque es víspera, lo digo,
del seráfico padre San Francisco.

Lucrecio Lucrecio soy.

Moreno Pues lléguese al postigo.

Claudio Hablara yo para mañana.

Moreno Tengo
buen manjar blanco.

Leandro Bueno, abrid, amigo.

Claudio ¿Hay pan?

Moreno Y vino añejo.

Claudio Aquí me vengo;
cada tres horas soy vuestro cofadre,
que en tales estaciones me entretengo.

Lucrecio Roberto tarda.

Claudio ¡Oh, cuerpo de mi madre!
Come por seis. Dejadle, que es un loco.

Moreno Entre enhorabuena.

Adrián Abrid, compadre.

Claudio ¿Viene Leandro?

Leandro Voy, que aguardo un poco.

(Vanse los tres, y queda Leandro solo.)

Ellos quedan ocupados.
Mientras están de contento
pedir quiero al pensamiento
relación de los cuidados.
¿Cómo estamos, di, deseo?
Responderá que es mortal
y de esperanza muy mal.
Casi a la muerte me veo.
¡Ay, hermosa labradora!
¿Por qué a matarme viniste
con el traje que encubriste
lo que descubres agora?

¡Oh, nunca yo te siguiera,
ni hasta tu casa llegara,
ni tu calle paseara,
ni a tu ventana te viera!
¡Oh, ferias donde te vi
para mil penas y injurias,
y no ferias, sino furias,
o demonios para mí!
Con qué nueva discreción
se puso aquellos antojos
para dejar en mis ojos
antojos de corazón!
¿Qué habrá querido decir,
de cuantas cosas había,
llevar una escribanía?
Sin falta sabe escribir.
Que no es el menor consuelo
de los que tiene mi mal,
porque en esta ocasión tal
solo le espera del cielo.
Ésta es su casa. ¡Oh, ventana,
quién te viera abrir agora!
¡Viera yo mi labradora
y la noche su mañana!
¡Pesia tal! Un embozado
se viene llegando al puesto.
Quiérome embozar de presto,
que viene determinado.

(Sale Patricio, marido de Violante.)

Patricio

Paréceme que en mi puerta
estaba un hombre, y si estaba,
sin falta alguna acechaba

si está mi gente despierta.
Arrimóse a la pared;
hacia allá quiero llegar.
Galán, ¿podemos pasar?

Leandro — Bien puede vuesa merced.

Patricio (Aparte.) — (¿Qué quiere aquéste en mi casa?
No quiero entrar, sino ver
si tiene en ella que hacer
o si de largo se pasa.)

Leandro (Aparte.) — (Éste pasea la calle;
téngolo a mala señal.)

Patricio (Aparte.) — (No se muda, ¡oh, pesia tal!)

Leandro (Aparte.) — (¡Por Dios, que tiene buen talle!
Ya tengo competidor,
y apenas mi amor entablo.)

Patricio (Aparte.) — (¿Eres hombre o eres diablo?
Entrar me será mejor;
pero no, que no podré
dormir sosegado sueño.)

Leandro (Aparte.) — (Acá se llega este leño.
¡Pues llegue, que no me iré!)

Patricio (Aparte.) — (Yo me quiero hacer galán
de aquellas damas de enfrente,
por que éste seguramente
piense que pena me dan;
y si en mi casa tiene algo,

	llegará sin falta a ella.)
Leandro (Aparte.)	(Él sirve a alguna doncella. ¡Buena cosa, a fe de hidalgo. Huélgome, que me ha dejado ya de mis celos seguro.)
Patricio	(Todo el portal está oscuro; sin duda se han acostado; llegar quiero a la pared. Mas ¿qué me quiere aquel hombre? Hablar quiero.) ¿Ah, gentil hombre?
Leandro	¿Qué manda vuesa merced?
Patricio	Llegue, que de paz estoy y ya me quito el rebozo.
Leandro	Yo también me desembozo. ¿Quién es?
Patricio	Un hidalgo soy que aquí tengo que hacer, y quiérole suplicar me dé un poco de lugar.
Leandro	Ese mismo he menester; mas, pues que en la calle andamos y con un mismo ejercicio, no hay para qué hablar de vicio, pues diferentes estamos. Vuesa merced sirve allí y yo sirvo en esta parte; vuesa merced hable aparte

y déjeme hablar a mí.

Patricio

Vuestra nobleza me vence,
y el hidalgo proceder
me obligan a pretender
que nuestra amistad comience.
Pues nos hemos declarado,
tenedme por vuestro amigo.

Leandro

La fe con la mano obligo.

Patricio

Con ella quedo obligado.
¿Cómo os llamáis?

Leandro

Yo, Leandro.

Patricio

¡Tenéis amoroso nombre!

Leandro

¿Y el vuestro?

Patricio

Mayor que el hombre.

Leandro

¿Cómo os llamáis?

Patricio

Alejandro.

Leandro

En todo le parecéis.

Patricio

Como vos al vuestro en todo.

Leandro

No me obliguéis de ese modo.

Patricio

Para que vos me obliguéis;
pero el tiempo no se gaste

solo en este cumplimiento:
direos mi pensamiento,
y para decirlo baste
ver esa hidalga presencia.

Leandro Recibirélo en merced.

Patricio Pues sepa vuesa merced
que yo vine de Palencia,
habrá tres meses o más,
a cierto pleito a la Corte,
y para que de esto acorte,
dejo negocios atrás,
que ya sabéis pretensiones
que suelen ir muy despacio.

Leandro Ya he paseado a Palacio,
que tengo mis ocasiones.

Patricio Pues, señor, en esta calle,
luego en allegando aquí,
dos mozas hermosas vi,
y la mayor de buen talle;
desde entonces bebo el viento,
que solo he llegado a hablar,
y no sé en que ha de parar,
que dicen que es casamiento.

Leandro Trabajo, señor, tenéis
viviendo en tanto recato.

Patricio Son mujeres de buen trato,
y no hay más de lo que veis.

Leandro — Ordinario suele ser
venir a aqueste lugar
a un negocio y negociar
de llevar una mujer.

Patricio — Aun eso no es mucha risa;
mejor es del majadero
que gasta mal su dinero
para volver en camisa.

Leandro — Están llenas las posadas
de aquesos hombres perdidos,
hasta vender los vestidos
para dejarlas pagadas.
Mas, pues me habéis obligado
con decirme vuestra historia,
perdóneme la memoria,
que habéis de quedar pagado,
y a la mía estad atento.

Patricio (Aparte.) — (Temblando estoy si ha de ser
historia de mi mujer.
¡Dios ponga en tu lengua tiento!)

Leandro — La feria de San Mateo
que en Madrid se suele hacer,
salí después de comer,
bien descuidado el deseo
de más de ocuparlo en ver;
iba al hilo de la gente,
tan libre como inocente,
buscando una y otra dama,
y más lejos de su llama
que el hielo, que no la siente.

También guardaba el decoro
a los vestidos, si en ellos
veía esparcirse el tesoro
como a los cabellos de oro.
Hasta que vi una aldeana,
como el Sol por la mañana,
tan dorada y espaciosa;
villana, pero hermosa;
hermosa, pero villana.
Cual suele el campo en abril
con una y otra color
levantar realces mil,
y de la venda de amor
tocar un velo sutil,
ésta los ojos mostraba,
cuyo color afrentaba
el azul que el cielo alegra,
y en arco, una ceja negra,
que a la de Amor imitaba.
Al fin, la delgada toca
de la mejilla rosada
mostraba, aunque parte poca,
la toca que vi mojada
del respirar de la boca;
Dióme calentura el vella,
y viendo el agua en la red,
acudió el alma a bebella,
y hallóse tan lejos de ella,
que habrá de morir de sed.
Pedíle con humildad
que, vista mi calidad,
iguales ferias tomase,
y pidió que le sacase
seis varas de voluntad;

dice que es pedir en vano
al pobre que en otro corte
tienda la desnuda mano,
lenguaje tosco y villano;
mas no lo entiende la Corte.
Vencida de mi porfía,
una sola escribanía
de todo vino a pedir,
que ella debe de escribir,
y espero el dichoso día.
Llevéla a mi casa, en fin,
donde, estando en su jardín,
el rebozo desenlaza
con que fue villana en plaza
y en el campo serafín.
Fuese el cielo de la tierra,
el Sol hermoso del día;
seguíla, y vi que vivía
en esta calle, que encierra
la de vida y la de vía.
Dos papeles la escribí,
y aquesta noche entendí
que me quiere responder,
y solo quisiera ver
solas dos letras de un «sí».
La hora, sin falta, es ya,
señor, y sabéis mi pecho;
en el secreto me va
la vida; estoy satisfecho
que en el propio olvido está.
Retiraos, porque he sentido
en la ventana ruido.

Patricio — Pues, señor, aquí estaré.

(Aparte.) (¡Pesia tal, sí, callaré!
Creo que soy su marido.)

Leandro Guardá la calle, que dudo
que hablando alguno me halle.

Patricio (Aparte.) (¡Pesia mí! Baste que calle!
¿No basta ser el cornudo,
sino que guarde la calle?)

(Asómase Violante a la ventana.)

Violante ¡Ce, Leandro! ¿Es él?

Leandro Yo soy
vuestro Leandro animoso,
y aquese «ce» glorioso
es la luz por quien ya voy
al puerto de mi reposo.

Violante ¿Estáis solo?

Leandro ¡No, por Dios,
que, aunque animoso Leandro,
aseguréme con dos!
Detrás tengo un Alejandro
y delante os tengo a vos.

Patricio (Aparte.) (¡Por Dios, gran yerro hiciera
si mi nombre le dijera,
porque, en nombrando Patricio,
todo el trabado artificio
se quebrara y deshiciera!
Callar me cumple y saber

en lo que viene a parar
aquesta infame mujer.
Mejor me pienso vengar:
juntos los pienso coger.)

Violante — ¿Cómo, Leandro atrevido,
amigos habéis traído
para llegar a la mar?

Leandro — Si fuera para pasar,
desnudárame el vestido;
pero advertid que podéis
de aquese amigo fiaros.
Habladme, no lo dudéis.

Patricio (Aparte.) — (¡Serélo para mataros!)

Leandro — Violante, ¿no respondéis?

Violante — Está mi marido fuera,
que es hombre que no le agrada
lo que tiene.

Leandro — ¡Ah, traidor! ¡Muera
de alguna fiera estocada!

Patricio (Aparte.) — (¡Bueno voy de esa manera!)

Violante — Dad una vuelta a la calle.

Leandro — Toda se descubre exenta.
Alejandro, tened cuenta.

Patricio — ¿Paréceos que estoy de talle

	que he de dormirme en la calle?
(Aparte.)	(¡Vengaréme, vive el Cielo! ¡Ah, mujer!)
Leandro	No hayas recelo todo calla y nada suena.
Patricio (Aparte.)	(El que tiene mujer buena, donde pisa, adore el suelo. ¡Ah, traidora!)
Violante	El viento manso me da miedo.
Leandro	¡Gran decoro, Alejandro!
Patricio	No descanso; más velo que grulla o ganso; dijera mejor que un toro.
Violante	Ya de nada me aseguro; tomá ese papel, que os juro que el escribirlo me cuesta saber que, por la respuesta, daros el alma procuro. ¡Gran peligro tengo aquí! Adiós, que en ese papel sabréis más nuevas de mí que pensé escribir en él ni que cupieran en mí. ¡Adiós, adiós!
Leandro	Él os guarde.

Cerró la ventana el cielo.

Patricio (Aparte.) (¡Cólera me abrasa y arde!)

Leandro ¿Tiene ya más dicha el suelo?

Patricio (Aparte.) (¿Tiene hombre más cobarde?)

Leandro ¡Oh, Alejandro, qué papel!

Patricio Milagros vendrán en él.
¡Tiene ingenio, por mi fe!

Leandro ¿Conocéisla?

Patricio (Aparte.) (Mal hablé.)
Por fama que tengo de él.

Leandro El deseo tiene a raya
esa merced que me hacéis;
mas permitid que me vaya,
que volveré, si queréis,
luego que leído le haya,
que no lo puedo sufrir.

Patricio ¡Jesús!, bien os podéis ir;
no tengo qué hacer aquí,
que ya es tarde para mí.

Leandro No me acierto a despedir.

Patricio Vamos; quiero acompañaros.

Leandro Téngolo en merced, señor,

y me la haréis en quedaros.

Patricio — Reciba yo este favor.

Leandro — A fe que habéis de tornaros.

Patricio — Deseo veros de día.

Leandro — Yo vivo a Santa María;
pero mañana os veré,
porque a San Francisco iré,
que acude gran bizarría.

Patricio — Tenéis razón, que es su fiesta.

Leandro — Adiós.

(Vase Leandro.)

Patricio — Adiós. ¡Ah, Fortuna!,
¿qué dura venganza es ésta,
a cuyos pies, importuna,
está nuestra vida puesta?
Esto he querido saber
por andarme a mi placer.
¡Yo tengo mi merecido,
que, pues no soy buen marido;
que tenga mala mujer!
Aborrecíla doncella,
y casada, cuando menos,
no hago vida con ella
por quien vale menos que ella
y por quien me quiere menos.
¡Pero mi desasosiego

en mi deshonor! ¡Ah, ciego!,
¿cómo en mi casa entraré?
¿Qué palabras la diré?
¡Todo es hielo, todo es fuego!
¡Ay, Amor, vencedme vos!
¡Mataré la que me infama!
¡Pero no lo quiera Dios
hasta que bañe la cama
con la sangre de los dos!
La luz comienza a salir
y el alba quiere reír
cuando comienzo a llorar.
Ya es hora de levantar
y tarde para dormir.

(Salen Lucrecio y Adrián y Claudio.)

Claudio ¿Hémonos de acostar?

Lucrecio Será por fuerza,
que son más de las tres.

Adrián Voy desvelado;
paréceme imposible que ya duerma.

Claudio Basta que se nos hizo perdedizo
el buen Leandro.

Patricio (Aparte.) (¿Qué canalla es ésta?
Bueno será llamar y entrarme en casa.
La puerta se abre: Dios me dé paciencia,
que importa a su servicio para mi alma.)

(Vase Patricio.)

Claudio Mirad cómo abre aqueste pastelero.

Adrián ¡Abre aquí, pastelero de los diablos!

Lucrecio Aún es temprano, que calienta el horno.

Adrián Aquéste tiene un enfadoso perro.
Tuve, pared y medio de su casa,
en estas rejas altas, un requiebro,
y con el ronco aullido, en veinte noches
no le pude entender una palabra,
y entrambos nos quebramos las cabezas.

Claudio Pagáramelo él, por vida mía,
que yo se lo pusiera perdigado,
para que hiciera de él pasteles grandes.

Adrián No le viniera mal, que ha habido alguno
que echaba humana carne en los pasteles.

Lucrecio ¿Adónde beberemos, que me abrasa
la cazuela mojí del otro viejo?

Claudio Bien cerca de mi casa, en una reja,
ponen dos cantarillas al sereno;
podéis darles un golpe con la espada
y beberéis de la corriente fresca.

Lucrecio Ya no las ponen por amor de Eufemio,
que no salimos noche que no quiebra
cántaros, barros, tiestos, encerados,
marcos y celosías, cuanto topa.

Adrián ¡Oh, pesia tal! ¿Por qué decís de tiestos,
que me ha pedido Celia uno de zavida
y pudiera buscarse aquesta noche?

Claudio Dejadle para otra, que me ofrezco
mostraros dónde está, que sin ayuda
le alcanzaréis, y es el mejor del pueblo;
que el otro día fui por una penca,
y a fe que viven dos mozuelas tales,
que se les puede hacer cualquier servicio.

Lucrecio ¡Ta, ta! Ya las conozco. ¿No hacen randas?
Son por extremo bellas y discretas;
la una canta.

Adrián Sí, por Dios, en arpa.
Pero ésa es boba; esotra me contenta.

(Sale un Muchacho con letuario y aguardiente.)

Muchacho ¡Al letuario y aguardiente!

Claudio Bueno;
¡a lindo tiempo, vive Dios, él vuelve
sin letuario y aun peor, por dicha!

Muchacho ¡Al letuario y aguardiente!

Lucrecio Muestra.

Muchacho ¿Llama vuesa merced?

Lucrecio Y estos señores.

Muchacho	¡Oh qué rica aguardiente y letuario!
Claudio	Esta agua es una cosa aprobadísima; Libimno Lenio escribe mil secretos; mas puédese tomar de tal manera que estrague mucho el cuerpo y queme el hígado; poca y a tiempo, anima y restituye el perdido color.
Lucrecio	Tres he comido; coman vuesas mercedes.
Claudio	Yo no miro en tres ni en cuatro, que estudié las artes en Alcalá, donde el primero curso me costó de aguardiente y letuario más que tiene argumentos Aristóteles.
Adrián	Estáte quedo, diablo, que te alteras. ¡No ha de quedarte miel en todo el plato! Mal conoces la gente.
Muchacho	Aqueso os pido; mas, calle, que me dicen que no tienen voluntad de pagarme el letuario la liberalidad con que lo comen.
Claudio	¡Brava agudeza!
Adrián	Son demonios éstos; saben un punto más, pueden venderos.
Lucrecio	¿Qué aguardas, niño?

Muchacho Aguardo que me paguen.

Claudio Pues nosotros vivimos hacia el Rastro;
pregunta en las Audiencias por nosotros,
que en la Puerta del Sol hay una vieja
que te dirá que somos de Toledo
y que vivimos de engañar bellacos.

Muchacho ¡Páguenme el letuario!

Lucrecio ¿A quién lo pides?
¡Suelta la capa o quiebro la redoma!

(Vanse los tres, y queda el Muchacho .)

Muchacho Con estos lances medrará mi amo;
no me han dejado siete cascos solos;
callé para llevar sanos los míos.
Mas yo conoceré la buena gente.

(Sale el Escudero de Eufrasia.)

Escudero ¿Tan de mañana recados?
Medraremos con la fiesta,
pues ya dormiréis la siesta
en comiendo dos bocados.
Daca la negra visita
y el saber si ha de venir,
o si allá habemos de ir,
que aun la capa no se quita.
Pues si de la ijada digo,
perezco cada momento,
pues el costado no siento;
ofrézcole al enemigo.

Un dotor de gran virtud
me mandó quitar el vino,
¡qué gracioso desatino!
¡Dios te quite la salud!
Muchacho, ¿qué fruta es ésa?

Muchacho — Letuario y aguardiente.

Escudero — ¡Justicia que tal consiente
que aceituna cordobesa
que el vino en agua transforma!
¡No está mala la malicia!
¡Que no pese a la justicia
cuando de aquesto le informa!
.... [-amos]

Muchacho — ¿Agora se pone antojos?
¡Váyase con Dios, cuatro ojos!
Por cierto, de espacio estamos.

Escudero (Aparte.) — (Cortar la cólera quiero.)
Ven acá; ¿por qué te vas?

Muchacho — ¡Váyase con Barrabás
el flemático escudero

(Vase el Muchacho .)

Escudero — ¡Oh hideputa, picaño,
volved, aguardad un poco!
Basta, que tienen por loco
un hombre escudero hogaño.
Yo os prometo picarillo
sucio, que, a falta de un palo,

Yo os diera un pasagonzalo
con la propia del perrillo.
¡Ah tiempos, cuánta mudanza
cabe en vuestra ligereza!
Ya la infamia y la nobleza
se mide en una balanza.
¡Qué confuso barbarismo
que una vara de un engaño
mida el brocado y el paño,
¡pues la muerte hará lo mismo!
Quiero hacer a lo que vengo.
¡Ah de casa! Ruido suena
de grita y de voces llena.
¡Bonito recado tengo!
De mañana han madrugado,
aun bien que habrá que almorzar.

(Sale Violante.)

Violante ¿Así me habéis de tratar?
¿Adónde me habéis hallado?
Tras venir de vuestro gusto,
amancebamiento y vicio
toda la noche, Patricio,
me recibís con disgusto,
¿esa cara me mostráis?
Y porque me llego a vos,
con un rempujón y dos,
sobre el estrado me echáis.
Padre tengo, vivo es;
todo le pienso decir.

Patricio ¿En la calle os han de oír?

Violante Sí, y en el cielo después.

Patricio Entrad adentro. ¿Estáis loca?

Violante Bien loca debo de estar,
que el alma me ha de costar
un «sí» que dijo la boca.

Patricio Yo haré que la vida os cueste.

Violante La muerte deseo más
que la vida que me das.
(Aparte.) (¡Ay Dios!, ¿qué hombre es aquéste?
Casi conocerle quiero.)

Escudero (Aparte.) (¡Por Dios, que llego a buen hora!)
Juan Francisco soy, señora,
de doña Eufrasia escudero;
la cual me envía a besar
las manos de su merced,
y si ha de ir a la Merced,
que la mandase avisar,
porque irán juntas a misa,
que tiene de hablar de instancia
muchas cosas de importancia,
y adiós, que estoy muy deprisa.

Violante Aguardad, buen hombre, un poco;
¿así os vais, sin la respuesta?

Escudero (Aparte.) (Anda de celos la fiesta
y su marido es un loco:
temo que parte me alcance.)

Violante — ¡A buen tiempo os envió!

Escudero (Aparte.) — (Por malo le tengo yo
hasta salir de este trance.)

Violante — Entrad y pedid mi manto
a la primera criada.
¿Está Eufrasia levantada?

Escudero — No creo madruga tanto.
(Aparte.) (¡El diablo me trujo aquí!)
Su marido, ¿dónde está?

Violante — Allá en la cuadra estará.

Escudero — ¿Acostado?

Violante — Creo que sí.

Escudero — No esté detrás de esta puerta,
y, creyendo que ella es,
me dé dos palos o tres.

Violante (Aparte.) — (¡Temo que me deje muerta!)
¡Entrad, grosero

Escudero — ¿Grosero?
Grosero fuera ese tal
que no previniera el mal
para guardarse primero.
¿Y el perro?

Violante — ¡Que está allá abajo!

Escudero Dígolo porque en la sala
me rompió la martingala,
y a vueltas tanto zancajo...

(Vase.)

Violante ¡Jesús, qué prolija bestia!
Pero ha venido a ocasión
para que mi corazón
descanse tanta molestia.
Eufrasia es, de mis amigas,
de quien me puedo fiar:
podréle comunicar
la mayor de mis fatigas.

(Torna a salir el Escudero con el manto.)

Escudero ¡Sal aquí! ¡Válgate el diablo!
y a quien te da de comer!
¡Juro a Dios que he de traer
para otra vez un venablo!

Violante Mostrad ya, que sois pesado.
¿Viene largo por detrás?

Escudero Un poco levante más
y otro poco de aquel lado.

Violante ¡Ea, comenzad a andar!

Escudero ¿Por aquí?

Violante Por donde quiera.

Escudero — Hay un coche en esa acera
y no podremos pasar.

(Vanse, y salen Leandro, y Roberto de negro.)

Leandro — ¿Cuándo pensabas venir
con el músico, Roberto?

Roberto — Estaba de sueño muerto;
quise quedarme a dormir.

Leandro — ¡Qué galán habéis salido!
¡Buena es la calza, por Dios!

Roberto — Eso quede para vos,
porque siempre lo habéis sido.

Leandro — ¿Adónde iremos a misa?

Roberto — A nuestro sitio ordinario.

Leandro — Pues ¿no érades trinitario?

Roberto — ¡Que fue negocio de risa!

Leandro — Antes se tuvo sospecha
de vuestra profesión firme.

Roberto — Sí, pero pude salirme
para orden más estrecha.

(Salen Claudio, y Adrián, muy galanes.)

Claudio — Tan mala noche pasé,

que, a no ser día de fiesta,
hiciera en la cama siesta.

Adrián ¿Y pensáis que me acosté?
Mientras que mudé camisa
tuve un sueño bien ligero.

Claudio Vamos.

Adrián A Lucrecio espero;
juntos iremos a misa.

Claudio Galanes hay en el puesto.

Adrián Leandro y Roberto son.

Claudio Adrián, donde hay pasión,
el sueño sabe a molesto.

Adrián Dios guarde a vuesas mercedes.

Leandro Beso a vuesarced las manos.

Claudio ¡Galanes y cortesanos!

Roberto Decirlo han las paredes.

Leandro Por mi fe que es mucha gala
para pasar mala noche.

Adrián Siempre que ronde y trasnoche,
Claudio, me salga tan mala.
¡Bravo de calzas estáis!
¿Qué dice la cinta atada

en el puño de la espada?

Leandro — Lo mismo que preguntáis.
Es una ordinaria flor.
Cuando el puño se desata,
aquesta cinta se ata,
y decimos que es favor.

Claudio — ¡Qué cuatro mozos aquéstos!

Leandro — ¡Haced piernas, pesia tal!

Roberto — ¿Hallaréis cuatrinca igual?
¡Qué galanes, qué dispuestos!
¡Malhayan cuatro banderas!

Leandro — ¡Paso, señor, pesia mí,
que alguno nos oye aquí
que nos echará a galeras!

(Sale Lucrecio, muy galán.)

Lucrecio — ¡Qué bizarra está Ginebra!
Galanes, ¿puedo llegar?

Leandro — Que es llegar y atropellar.

Lucrecio — ¿Qué se trata o se celebra?
No es justo por mí se deje.

Roberto — Por vos fuera caso injusto;
queremos vuestro buen gusto.

Lucrecio — Corrido haréis que me aleje,

que ha sido desconcertar
cuatro tan justos y tales,
pues entre pares iguales
he sido número impar.

Leandro
Es un número muy bueno
entre los más escogidos,
que son cinco los sentidos.

Claudio
De todos estoy ajeno.

Leandro
Apliquemos cada uno
algo agora entre vosotros.

Roberto
Habían de juzgar otros.

Leandro
Ya vos estáis importuno.
Tomad cualquiera y callad.
Ahora bien, sea Roberto
el gusto.

Roberto
Téngole muerto;
matóle mi voluntad.
A Leandro le daréis
y a mí daréisme el oído,
por donde siempre he sentido
los desdenes que sabéis.

Leandro
¿Pues a mí me dais el gusto?

Roberto
Sí, que le tenéis en todo.

Leandro
Vos lo sentís de ese modo,
pero mátame el disgusto.

Lucrecio — A Adrián le cabe el ver,
que sabe todo el lugar.

Adrián — Mas porque en solo mirar
me dejan entretener.

Leandro — ¿Y el tacto?

Lucrecio — A Claudio se quede,
que cuanto topa y no topa...

Claudio — Topo no más de la ropa.

Leandro — Cuando otra cosa no puede.

Lucrecio — Los cuatro habéis escogido;
ya no tengo qué escoger:
a mí me cabe el oler,
¡por Dios, bellaco sentido!,
si por la noche, a las diez,
va a la calle de Santiago.

Claudio — Hame llovido su estrago,
Lucrecio, más de una vez.
De trabajos semejantes
es de noche peligrosa;
pero de día olorosa
porque allí se adoban guantes.

Lucrecio — Parece esa calle tal,
Leandro, a algunas damas bellas,
que huelen bien lejos de ellas
y de cerca huelen mal.

Bien creo que me entendéis.

Claudio — Reír me habéis hecho un rato.

Lucrecio — Al fin, me queda el olfato.

Leandro — Muy buen sentido tenéis;
que con esa nariz diestra
rastreáis, cuando se encubre,
como a sí veis que descubre,
la caza el perro de muestra.

Claudio — Cinco, al fin, somos agora.

Roberto — Y sentidos sin por qué.

Leandro — Buenos estamos, a fe,
para el reto de Zamora.

Claudio — Triste de aquél que tuviera,
Leandro, tales sentidos.

Leandro — A fe que son escogidos
para una devanadera.

Claudio — Si nos había de juntar,
trabajo había. de tener.

Adrián — Yo nunca quisiera ver.

Roberto — Ni Yo oír.

Claudio — Ni yo tocar.

Lucrecio	Ea, señores sentidos,
aquí vienen dos extremos
donde ocuparnos podremos.

Roberto	Quiérole dar mis oídos.

Adrián	Yo el ver.

Leandro	Yo aplico mi olfato,
si hay ámbar.

Claudio	Faltamos dos.

Leandro	Tened. Cayeron, por Dios.
Yo aplico el gusto.

Claudio	Yo el tacto.

Roberto	Buenos sentidos tenéis.

Adrián	Por Dios, que me llamo a engaño,
que estoy yo mirando un año
para que vos lo gocéis.

Roberto	Y que yo con todos vengo
solo para ser oído,
no quiero apueste sentido;
más quiero el poco que tengo.

(Sale Patricio.)

Patricio (Aparte.)	(¿Si a dicha aquel mi enemigo
está en aqueste lugar?
Hele allí. Quiérole hablar

con paz de fingido amigo.)
Con gusto de estos señores,
a este hidalgo me conviene
hablar.

Claudio — Vuesa merced tiene
licencia.

(Apártanse Roberto, Lucrecio y Adrián.)

Roberto — ¿Es cosa de amores.

Lucrecio — ¿Quién es aqueste galán?

Adrián — No le conozco, por Dios.
Mirándose están los dos;
mas ya conocido se han.

Leandro — ¿Es mi señor Alejandro?

Patricio — Es quien desea serviros.

Leandro — ¡Ah! Que tengo que deciros.
A Ero rindió Leandro.

Patricio — Mucho es eso, pesia tal!
Pero dijísteslo en poco.
(Aparte.) (De celos me vuelvo loco.
¡Ah, celos, rabia mortal!)

Leandro — Apartémonos de aquí
que el corrillo es malicioso.

Patricio — Dicen que es vicio gustoso,

que en Madrid se usa así.
¿Qué hubo de aquel papel?

Leandro
Milagros de enternecido
y quejas de un mal nacido
¾¡Mal fuego se encienda en él¾
que diz que es un hombre bajo,
y si vos me queréis bien
ayudad con un amén.

Patricio
Dejadle con su trabajo,
no le corráis con espuelas;
si de él mal decís, no dudo
de que es hacerle cornudo
hasta matar las candelas.

Leandro
Pues ¿qué he de hacer de un traidor
que, con ser un ángel tal,
dicen que la trata mal
y que no la tiene amor?

Patricio
Que, señor, no lo creáis,
que es un achaque ordinario.

Leandro
Tendreos por mi contrario
si a ese infame disculpáis.

Patricio
Que digo que es un bellaco.

Leandro
Por aquí pasó y calló;
dile la mano y me dio,
esperad, que ya le saco,
este papel.

Patricio ¡Bravo enredo!

Leandro Es por extremo discreta.

Patricio Aunque no es parte secreta,
leamos.

Leandro Leerle puedo.
Leed vos.

Patricio ¡Qué buena letra!

Leandro Y el estilo cortesano.

Patricio (Aparte.) (¡Cortada vea la mano!)
El corazón me penetra.
«Esta negra sujeción
de mi marido enfadoso...»

Leandro (Aparte.) (¡Ah, traidor! ¡Rayo furioso
te atraviese el corazón!)

Patricio «Hoy me salí de su casa;
tanto su rigor me obliga,
y estoy en cas de una amiga.»

Leandro ¿Es posible que tal pasa?
Y todo por un ruin hombre
que no estima lo que tiene.

Patricio ¡Por Dios, mucha razón tiene!
«Es doña Eufrasia su nombre.
Hoy iré a casa con ella.
Seguidla, así Dios me guarde,

porque volveré esta tarde,
después de comer, a vella;
que estaremos, si queréis,
juntos, donde hablar podremos.»

Leandro — Quisiera hacer mil extremos.
Señor, apriesa leéis;
parad, por mi vida, un poco,
y ayudadme a celebrar.
Solos habemos de estar.
¡Por Dios, que me vuelvo loco!

Patricio (Aparte.) — (Y yo también, por mi vida,
por la parte que me cabe.)

Leandro — Leed más.

Patricio — «Eufrasia sabe
que por vos estoy perdida.
Mi honra de vos se fía;
mirad cómo la tratáis.
No más, por que no digáis
que os gasto la escribanía.»

Leandro — ¡Qué bien! ¡Qué donaire tiene!
Esto es hecho.

Patricio (Aparte.) — (Aún falta más.
Camine, pues, que detrás
la muerte en mis manos viene.)
Leandro, ¿están en la iglesia?

Leandro — Habrá media hora que entraron.

Patricio (Aparte.) (¿Que de verse concertaron?
¡Ah, mundo! ¡Ah, reniego! ¡Ah, pesia
Yo no lo puedo sufrir.
Éste me ha de conocer.)
Leandro, tengo que hacer.

Leandro Pues muy bien os podéis ir;
que yo tengo de ir siguiendo
aquesta dama que pasa,
porque he de saber su casa
para buscarla, en comiendo.

Patricio ¿Adónde os tengo de hallar?

Leandro Sin falta ninguna aquí.

Patricio Adiós.

Leandro Adiós.

Patricio (Aparte.) (¡Ay de mí!)

Leandro ¿No me queréis perdonar?
Buen rato os habéis reído.
No me pude despedir.
¿Cortándome de vestir
os habéis entretenido?

Roberto ¿Era amigo aquel galán
en la ocasión secreta?

Leandro ¡Dadle al diablo! Es un poeta
que se llama Radrián,
para que oyera un soneto

que allí me ha estado leyendo,
que, por Dios, yo no lo entiendo.

Adrián — Y entiéndolo yo, en efeto.
  Negras coplas os leí,
que ya me las dais en cara.

Lucrecio — Aquella dama se para.
¿A quién conoce?

Claudio — No a mí.

Adrián — ¡Qué larga va de la saya!

Lucrecio — ¿Qué ha de haber que no tachéis?

Leandro — ¿Licencia no me daréis
para que tras ella vaya?
  Que me ha parecido bien.

Claudio — Llevad todos los sentidos.

Leandro — No, no; volverán perdidos.

(Vase Leandro.)

Claudio — Debéislo de ir vos también.
  Sin el gusto hemos quedado.

Adrián — Hase ido tras el suyo.

Lucrecio — Pues ¿ha menester el tuyo?
Quizá le tiene sobrado.

Adrián Si va a decir la verdad,
quisiérame despedir;
pero no me atrevo a ir.

Lucrecio Hacéisnos poca amistad.
¿Teméis que murmuraremos?

Adrián Pues ¿no, de los más amigos?

Claudio Seguro estáis de enemigos.
Buenas ausencias tenemos.
.....................[-oy].

Lucrecio ¡Por Dios, que se huella bien!

Adrián Si me han de mirar también,
aquí por siempre me estoy.
Querríame entrar deprisa.

Claudio Pues vos, Adrián, ¿teméis?

Adrián Pues ¿a quién perdonaréis
un apodo, mote y risa?
Pero encomiéndome a Dios.

(Vase Adrián.)

Lucrecio ¡Gentil hombre es Adrián!

Claudio Y muy hombre.

Lucrecio Y muy galán.
Solos quemados los dos.
Huélgome que si me voy,

Claudio, no tenéis con quién
decir de mí mal ni bien.

Claudio — Qué, ¿tan sospechoso soy?
Mas podemos dar un corte.

Lucrecio — Y ¿cuál?

Claudio — Que nos vamos juntos.
Ea, no miréis en puntos.

Lucrecio — ¿Qué queréis? Vivo en la corte.

Fin de la segunda jornada

Jornada tercera

(Salen Eufrasia, Violante, Teodora, y el Escudero, acabando de comer.)

Eufrasia
Como amiga os he tratado.
Harto mal habéis comido.

Escudero
Todo ha estado muy cumplido.
Mi trabajo me ha costado.

Eufrasia
¿Quién os mete a vos aquí?

Violante
Si verdad queréis que os diga,
no me tratáis como amiga.

Eufrasia
Ni vos en tratarme así.

Violante
De vos me quejo, en verdad,
que ha sido mucha extrañeza
mostrar tan poca llaneza
adonde hay tanta amistad.

Eufrasia
Antes os podéis quejar
que ya que el año se pasa
un día que estáis en casa
no os acierto a regalar.

Violante
No haya más, por vida mía.
Cumplimientos excusemos.

Eufrasia
Traigan en que nos sentemos,
y enmendaráse otro día.

(Hablan aparte el Escudero y Teodora.)

¿Oíslo?

Escudero ¿Qué estás mirando?
¿Mujer que vende turrón?
¿Oyes aquella razón
y quédaste suspirando?
Entra por aquel estrado.

Teodora Pues, señor Nuño Rasura,
¿hurtélo yo, por ventura?
Su caballo desollado,
¿no tiene buenas espaldas?

Escudero Si en ti se pudiera hallar
un vergonzoso lugar,
yo te cortara las faldas.
¿Por qué no me diste arroz,
cara de gato goloso?

Teodora De miedo de que es potroso
no le respondo una coz.

Eufrasia San Francisco, sacad vos
dos sillas altas aquí.

Teodora Tome, y ríase de mí.

Escudero Ahora bien vamos los dos.

(Vanse el Escudero y Teodora.)

Violante Al fin, como os dije, hermana,
tiene un rico entendimiento,

tiene un noble pensamiento
y la condición humana.
  De solo que le veáis
tan rendida quedaréis,
que más celos me daréis
que reprehensiones me dais.
  Habla con una viveza
y un fervor de corazón,
que mueve a amor y atención,
y tiene rara agudeza.
  Un responder tan exento,
con un color de humildad,
que parece libertad,
y causa extraño contento.
  El día que aquestos nuevos
pensamientos admití,
no deshonesto le vi
en corrillos de mancebos,
  sino con un rostro grave
y una modesta tristeza,
sosegada la cabeza
y el mirar dulce y suave;
  por la plaza paseando,
tan señor de los demás,
que los que dejaba atrás
se lo quedaban mirando.

(Salen el Escudero y Teodora, con almohadas.)

Escudero — Bien medro de las costillas.

Teodora — Diréis que son muy pesadas.

Escudero — Pues que saco las almohadas,

mire que saque las sillas.

Teodora — Tiende ahí, diablo monazo.

Escudero — ¿Qué te entonas, bodegón?

Teodora — Pasa allí, hermano Juan Pron.

Escudero — Todo por darme un abrazo.
¡Quien no te las entendiese!

Eufrasia — Muy poca conversación.
Traigan sillas.

Teodora — Éstas son,
que hizo que las trujese.

Eufrasia — Ea, salgan allá fuera,
y ninguno entre después
que no sepa yo quién es.

Teodora — Haráse de esa manera.

(Vanse el Escudero y Teodora.)

Eufrasia — Siéntate, hermana Violante,
y dime más de tu historia,
que regalo la memoria
en las prendas de tu amante,
que ya sé de estos enojos.

Violante — ¡Ay, Eufrasia ¿Qué diré,
si tú le adoras por fe,
yo que le vi por mis ojos?

Eufrasia ¿Tiene calidad alguna?

Violante No es más de un hidalgo pobre.

Eufrasia Dame tú que amor le sobre,
y envidiaré tu fortuna.

Violante Es hombre limpio, aseado,
cortesano por extremo.

Eufrasia Por mi vida, que le temo
de verle tan acabado.

Violante ¡Con qué donaire trató
mil conceptos de mi traje
diciendo que el villanaje
nunca tal corte crió!
Sin otros conceptos mil
en que su buen natural
mostró divino caudal
y pensamiento sutil.

(Sale Teodora.)

Teodora Señora un hombre está aquí,
galán, mancebo y pulido,
que dice que es de Abido.

Violante Sin duda me busca a mí.
Eufrasia mía, ¿entrará?

Eufrasia Pues, ¿qué estamos aguardando?
Corre, di que entre volando.

Violante Entre, que a la puesta está.

(Sale Leandro.)

Leandro ¿Está seguro este puesto?

Violante Él sea muy bienvenido.
Entre el amador de Abido.

Leandro Que viene a buscar a Sesto.

(Hablan aparte Violante y Eufrasia.)

Violante ¿Qué os parece?

Eufrasia Es extremado.
Tome una de las sillas.

Leandro Mejor estoy de rodillas.

Eufrasia Es grande para criado,
Mandad que se alce Violante.

Leandro No me mandéis levantar;
de rodillas he de estar,
que tengo imagen delante.

Violante No; levántese,

Leandro Obedezco.

Violante Cúbrase.

Leandro Cuanto me mande.
Ya, señora, me hacéis grande;
por humildad lo merezco.
Quien merece aquesta silla
ha de envidiar la del rey;
que ésta es de Amor, cuya ley
los altos reyes humilla.

Violante ¿Qué me dices? ¿Soy muy loca?

Leandro Vuestra merced, ¿en qué piensa?

Violante Callad, que me estoy suspensa
y colgada de su boca.

Leandro Ya del traje habéis mudado.

Violante ¿Parézcoos mejor agora?

Leandro Bien en ferias labradora
y bien dama en un estrado;
no sé que haya diferencia.

Violante Adondequiera soy vuestra.

Eufrasia ¡Qué bien su nobleza muestra,
su buena lengua y presencia.

Violante ¿Puédesele dar la palma?

Eufrasia Muy bien se le puede dar,
que a veces el buen hablar
es el crédito del alma.

Leandro

Téngale con vos la mía
de que es vuestra.

Eufrasia

Una de dos,
Violante; abrazadle vos,
o yo abrazarle querría;
escoged lo que ha de ser.

Leandro

Mucho tengo que pagar.

Violante

Al fin, le quiero abrazar,
pues que me dais a escoger.

(Sale el Escudero.)

Eufrasia

¿Qué queréis aquí?

Escudero

Advierta
vuestra merced que ha venido...

Eufrasia

¿Quién?

Escudero

El señor, su marido,
que aguardando está a la puerta.

Eufrasia

Miren la flema del hombre.
¿El mío o de Violante?

Escudero

Si es el negocio importante,
irle he a preguntar el nombre.

Violante

¡Maldita sea tu flema!

Eufrasia

Hacé una cosa discreta

en esa cuadra secreta,
pues anda con esa tema,
no le cause algunos celos.

Violante
¡Y cómo si los tendrá!
Celoso en extremo está.

Eufrasia
Excúsense.

Violante
Excusarélos,
¿No hay allí una falsa puerta?
Pues váyase mientras pasa,
y a las diez la de mi casa
le tendrá una moza abierta.

Leandro
Pues, señora, Dios os guarde,
que mal suceso he tenido.
....
.... [-arde].

(Vase Leandro, y sale Patricio.)

Patricio
Dios guarde a vuesa merced.

Eufrasia
Con bien a esta casa venga
Patricio, y su dueña tenga
este regalo y merced.

Patricio
Siempre de vos la recibo.

Eufrasia
Debéis afición, a fe.

Patricio
Y de ella me acordaré
mientras estuviere vivo.

Eufrasia ¿Qué tenéis? ¿Cómo no estáis
en la silla sosegado?
Debéis de estar mal sentado.
¿Cómo esotra no tomáis?
Sospecho es más ancha y alta.
Sacá otra silla aquí fuera.

Patricio Todas son de una manera;
del corazón es la falta.

Eufrasia ¿No le tenéis asentado?

Violante ¿Cómo le sabrá asentar
quien sabe tan bien estar
tres años amancebado?

Eufrasia Antes es sobra de asiento.

Patricio ¿En eso estamos agora?

Violante ¿No? Dígalo la señora,
vuestro regalo y contento;
esa vuestra amada prenda,
la que tanto habéis querido,
que a mí me quita el marido
y a vuestros hijos la hacienda.

Patricio Por dondequiera que voy
me tenéis de deshonrar.

Violante Como vos atormentar
adondequiera que estoy.

Eufrasia
Ea, no más, mi Violante;
no lloréis, por vida mía.
Pensé tener mejor día.
Vuesa merced se levante
y le limpie aquesos ojos.

Patricio
Harélo para agradaros.
Presto sabéis enojaros,
todo para darme enojos.
Alzad, volved a mirar;
mirad que sois mi regalo.

Violante
Cualquiera bien del que es malo
dicen que se ha de estimar.

Patricio
Abrazadme, mi querida.

Violante (Aparte.)
(¿Qué ha de servir, como digo,
dar brazos a mi enemigo?)

Patricio (Aparte.)
(Yo te quitaré la vida.)

Eufrasia
¿Hechas son las amistades?
Huélgome que aquí se han hecho.

Patricio (Aparte.)
(Con qué oro cubre el pecho
sus traiciones y maldades.)
Eufrasia, ¿se ha de enojar
de lo que quiero decir?
Licencia quiero pedir
para a Violante llevar,
que conmigo vaya quiero.

Violante
Que no lo mandéis, señora.

Eufrasia — Sí, sí, y llévese a Teodora,
a Isidro y al Escudero.
¿Hola?

Teodora — ¿Señora?

Eufrasia — Tu manto
trae y el de aquesta dama,
y al Escudero me llama.

Violante — No lo solicites tanto.

Eufrasia — Ea, tórnense a abrazar.

Patricio — Por cierto, de buena gana.

Violante — Mirad que pienso mañana
que me vais a visitar.

Teodora — Ea, cúbrete, señora.

Eufrasia — Muriendo estás de placer.

Violante — Allá me pienso tener
aquesta noche a Teodora.

Eufrasia — Sea muy enhorabuena.
Ea, vos pasá adelante,
dadle la mano a Violante.

Violante — La de mi marido es buena.
Adiós.

Eufrasia — Y lo vais los dos.

Patricio — Quede con vuestra merced.

Eufrasia — ¿Hola, Isidro? Recoged.

Escudero — Dios vaya, señor, con vos.

(Aparte.) (No ha estado la fiesta mala.
Sepa que me toma el diablo,
que de mozo del establo
me hagan paje de sala.)

(Vanse todos, y salen Claudio, Lucrecio, Adrián, y Roberto.)

Claudio — Gentil, por Dios, señores, va la calle
de San Francisco! ¡Qué de hermosa moza!
¡Cuánto galán se huella de buen talle!

Lucrecio — Las que vimos ayer en la carroza
me parecen aquellas embozadas.

Adrián — Basta que nuestra Estela se reboza.
¿Visteis cómo llevaba enalmagradas
las dos mejillas de violeta o lirio,
ya de jazmín y rosa matizadas?
¡Cuánto vale la mudanza y el martirio!
Basta que por la tarde son claveles
y a la mañana de amarillo cirio.

Claudio — ¿Pareciéronos bien las Isabeles?

Lucrecio — ¡Jesús! Ésas muchas han crecido
más que inútiles mirabeles.

Adrián
Medrada está de casa y de vestido
después que usa el estilo picaresco
la mayor de las dos.

Lucrecio
Discreta ha sido.
Guineo se ha de hablar y hablar tudesco,
como dice la madre Zarabanda,
y todo por coger dinero fresco.

Claudio
Aún ésa no tan libre se desmanda
como la Cristaneja y Armelinda,
y las demás vecinas de su banda.

Roberto
Y aquella alcahuetaza, como guinda,
colorados los ojos y narices,
que aun agora se precia de muy linda,
¿es viva todavía?

Claudio
¿Por quién dices?
¿Por la que le cogí de la ventana
la pierna de carnero y las perdices?
Está más alta y ancha que una alfana,
con un polvillo y más otro polvillo.

Lucrecio
Perdida tiene aquella pobre hermana.
Y veráse primero Peralbillo
sin palos y ladrones que les falte,
lo que fue de sus honras el cuchillo.
Dadme que venga el otro gerifalte
y que el sustento y lo demás provea,
que no ha de quedar perro que no salte.
Como suele la gente de Guinea
dejarse cautivar de zarandajas,
puesto que para galas bueno sea,

así se dejan ir por prendas bajas,
sortijas, escritorios y chapines,
confites, diacitrón, conservas, cajas.
Y quieren, siendo públicas {..-ines],
que las alabe el otro que las topa
por la calle después de los maitines,
o piensen que es de carne o que es de estopa.

Adrián

Quizá os pondrán del Festión el sello
para que San Martín parta su ropa.

Claudio

Si se alaba la ruin, no dudo en ello,
sino que hace ofensa a la que es buena.

Adrián

Todo lo malo piso y atropello.
Ni su fiero ni fuerza me da pena.
Conozco el bien, soy hijo de la villa
y estimo a cada cual en lo que suena.
Bueno es que la que sufre albarda o silla
quiera que diga yo que es Santa Clara,
no lo estando ni en medio ni a la orilla.

Roberto

Hipócrita veréis volver la cara
cuando de una mujer, sea cualquiera,
la deshonesta vida se declara.
Y dice, si justicia alguna hubiera,
de aquéste fuera bien estar quemada
la estatua sola cuando el cuerpo quiera.
Y no contempla que la que es honrada
y vive entre paredes recogida,
sorda al dinero y más que nieve helada,
se afrenta, con mil causas ofendida,
de que se diga bien de la que es mala
y, por ventura, a serlo se convida.

Adrián

¿Qué premio daréis, Claudio, a la que iguala
a la casta Penélope y desecha
al que la solicita y la regala?
¿Qué premio le daréis a la que se echa
con cuatro niños, sin cenar, por dicha,
contenta en pobre cama y satisfecha
si se ha de celebrar la sobredicha,
tan amiga de sobre y que le sobre
y a su costa remedia su desdicha?

Claudio

Diga yo bien de la doncella pobre
que se confiesa y vive honestamente,
ni sabe si el real es plata o cobre.
Y de aquella casada que no siente
el papel amoroso y al regalo
más sorda que al encanto la serpiente,
y que al paje del otro con un palo
hace bajar rodando, y solo viste
lo que le da el marido, bueno o malo.
Y diga bien de la viuda triste
que a la oración cerró ventana y puerta,
y al mundo y carne y diablo se resiste,
y que si va media noche la despierta
el otro que tañó la zarabanda,
las manos cruza y queda medio muerta.
Y que en la cama el buen temor nos manda
que imaginemos que es la sepultura,
dura en la muerte y en la vida blanda.
Y si el otro bellaco se apresura
en el son cosquilloso, hace mil cruces,
y con ninguna llega a la cintura.
Y luego de mañana, entre dos luces,
se va a su misa y a sus randas vuelve,

haciendo de las cuentas arcaduces,
y así acabar la vida se resuelve.
Y si con ira dijo «¡zape!» al gato
se va a la iglesia y del rencor se absuelve.
Y no calle mi boca solo un rato
diciendo mal del malo y bien del bueno.

Adrián

Eso es de noble y virtuoso trato.
Mas no se diga más, aunque está lleno
Madrid de aqueste vivo maldiciente.

Claudio

Mal guardo las verdades en el seno.
Es en verano fresco y es caliente
el decir mal y en el invierno frío.

(Sale Leandro.)

Leandro

A consolarme vengo entre la gente.
Tal es la fuerza del tormento mío,
que andar solo conmigo no me atrevo.

Claudio

Leandro es éste, pero no su brío.

Leandro

Vivo de suspirar, el viento bebo,
abraso el aire y solo se me esconde
tierra, que el agua basta la que llevo.

Adrián

¿Dónde, Leandro?

Leandro

¡Oh!, ¡mis señores! ¿Dónde?

Lucrecio

¿A ver por esas calles?

Leandro

Y a ser vistos.

Roberto — Eso mejor a tu valor responde.

Leandro — ¿Andan las lenguas o los ojos listos?

Roberto — No, no; muy bien se habla, por mi vida;
queremos ser en el lugar bienquistos.

Claudio — ¿Queréis saber lo que hay de Rosalida?
Que aquesta misma noche se desposa.

Leandro — ¡Por Dios!

Claudio — Es esta cosa muy sabida.

Leandro — Ha sido para mí tan nueva cosa,
que no he sabido ni con quién ni cómo;
y es una dama por extremo hermosa.

Claudio — Casóse con Estráfilo.

Leandro — Es un plomo.
¿Este galán escoge?

Claudio — Es muy honrado.
Danle diez mil ducados.

Leandro — Esos tomo.
¡Ah, tiempos diferentes del pasado!
Con mil maravedís una marquesa
casaba la heredera de su estado.
¿Y habemos de ir allá?

Claudio — Y aun, si no pesa

al señor desposado, se concierta
una máscara buena, aunque de priesa.

Leandro ¿Qué aprovecha, si ponen a la puerta
guarda y alcaide?

Claudio Que no importa nada;
será para las máscaras abierta.

Leandro ¿Cómo tan presto ha sido concertada?

Claudio ¿Cómo? Solo nos falta vuestra ayuda.

Leandro Tenedla aquesta vez por excusada.

Roberto ¿Tendréis alguna novedad?

Leandro Sin duda.

Lucrecio Pésame, a fe, que yo con vos querría
excusarme de entrar.

Leandro Muy bien ayuda.

Lucrecio Mejor os guarde Dios; lo que sabía
se me ha olvidado todo.

Adrián ¿Habláis de vicio?

Lucrecio No, sino con razón, por vida mía.
Ya sabéis que el danzar es ejercicio;
desde el año pasado no le tengo.

Adrián No importa, no.

Lucrecio Sacáisme de juicio.
Ello es de noche; desde aquí prevengo
lo necesario. Vamos en un vuelo.
Casi por fuerza en vuestro intento vengo.

Roberto Por lo menos sabréis del saltarélo
el paseo siquiera.

Lucrecio Y dos mudanzas.

Leandro Adiós, señores.

Claudio Favorezca el cielo,
Leandro, vuestras ricas esperanzas.

(Vanse los cuatro, y queda Leandro solo.)

Leandro ¡Ah, qué contento lleváis
y en qué libertad vivís!
¡Qué vanaglorias decís!
¡Qué pensamientos gozáis!
¡Triste yo, que vivo muerto,
navegando por un mar
donde me vine a anegar
cuando ya llegaba al puerto!
¡Qué cerca vi mi esperanza
de conseguir su vitoria!
Mudóse en pena la gloria,
trocó la mar la bonanza,
porque ya puedo decir
que, si no vencí esta vez,
aquesta noche a las diez
he de vencer o morir.

(Sale Patricio.)

Patricio (Aparte.)   (Éste es Leandro, sin duda,
y a mí casa va derecho.
Ya me sobresalta el pecho
y la color se me muda.)
Pues, ¿señor Leandro?

Leandro   ¡Oh, rey!

Patricio   ¿Al anochecer aquí?

Leandro   Como vivo tan sin mí,
ni tengo razón ni ley;
como vivo ciego tanto
con la luz de mi señora,
tan de mañana es agora
como cuando me levanto.

Patricio   ¿Qué hubo de nuevo esta tarde?

Leandro   Una muy nueva desdicha.

Patricio   ¿Cómo así?

Leandro   Ya de mi dicha
no es justo que más me acuerde.
Entré a cumplir mi concierto,
y apenas sentado fui
cuando mi esperanza vi
dar a través en el puerto.
Levantábase a abrazarme
aquel ángel amoroso,

queriendo su rostro hermoso
con su vergüenza abrasarme.
Y ya que, juntos los dos,
estaba el brazo tendido,
llegó su negro marido.
¡Negra Pascua le dé Dios!
Quedóse Violante muerta,
y yo no menos mortal.
Si entré por la principal,
salí por la falsa puerta.

Patricio ¡Brava ventura perdida!
Mal quiero ese hombre, por Dios.

Leandro Maldigámosle los dos
mientras Dios me diera vida.

Patricio Que no; más vale matalle.

Leandro Podrá ser alguna vez.
Aquesta noche a las diez
me dice que ande en su calle,
que su marido está fuera
y entraré a conversación.

Patricio (Aparte.) (No es esta mala ocasión
para que a mis manos muera.)

Leandro A la calle hemos llegado,
y, aunque es muy temprano ahora,
quiero ver si mi señora
tiene de mí buen cuidado,
que podrá estar por aquí.
Quedaos, así os guarde Dios,

porque si me ve con vos
le pesará.

Patricio
Sea así.
A aquella esquina me voy.

Leandro
¡Ah, noche, y cuánto te tardas!
Reloj de las diez, ¿qué aguardas,
que en diez mil penas estoy?

(Asómanse a la ventana Violante y Teodora.)

Teodora
Señora, ¿no es aquel hombre
el galán de aquesta tarde?

Violante
El mismo, así Dios me guarde.
Llámale.

Teodora
¿Cómo es su nombre?

Violante
Leandro.

Teodora
¿Ah, señor Leandro?

Leandro
¿Sois vos, mi vida?

Violante
Yo soy.
¿Estáis solo?

Leandro
Solo estoy.
(Aparte.) (Escondeos, Alejandro.)

Patricio (Aparte.) (Ya me escondo, pesia tal.)

Violante	En la calle no podéis
estar. Entrad, si queréis,
por que no parezca mal.

Leandro	¿Eso decís? ¿Está abierto?

Violante	Aquésta bajará a abrir.

(Hablan aparte Leandro y Patricio.)

Leandro	Agora puedo decir,
Alejandro, que soy muerto.

Patricio	Pues no lo digáis burlando.
Sin duda que moriréis
cuando en sus brazos estéis.

Leandro	Tal muerte estoy deseando.
Ya han abierto. Tened cuenta,
y si alguien viene, avisad.

Teodora	Entrad, señor, y cerrad.

Patricio	Dejadlo vos a mi cuenta.

(Éntranse Leandro y Teodora.)

(¿Quedará el cerrojo roto
y aquesta puerta quebrada?
¿Echaré mano a la espada?
¿Entraré con alboroto?
No, que es negocio de honra,
y hasta que esté satisfecho
el hablar es sin provecho

y causa de mi deshonra.
  Quiero entrar disimulado.
(Llama alto.) ¿Hola? ¿Hola? Abran aquí.

Teodora
Señora, ¡triste de mí!,
señor viene.

Patricio
Es excusado.
  Ya es tarde, ingrata; temprano
para que llegue tu muerte.

Violante
Abrid, ¿qué hacéis de esa suerte
todos, mano sobre mano?

(Entra Patricio y vase Leandro.)

Teodora
  Vengas, señor, en buen hora.
(Aparte.) (¡Oh, qué bien que me escapé!)
Mire que a las diez esté
en la calle.

(Sale Leandro por la calle.)

Leandro
Adiós, Teodora.
  ¿Alejandro? ¿Hola, Alejandro?
¿De esa manera avisáis?
¡Por Dios, descuidado andáis,
que anda por la mar Leandro!
  No parece. Habráse ido.
¡Buen amigo hacéis, por Dios!
Pudiera, fiado en vos,
dar en manos del marido.
  ¡Ah, qué de azares me siguen!
Todo el mundo me hace guerra.

Parece que cielo y tierra,'
conjurados, me persiguen.
   Dos veces me desbarata
aquéste la gloria mía,
y dos veces en un día;
a la tercera me mata.
   Vanas esperanzas mías,
¿qué posesión pretendéis,
pues en un punto perdéis
lo que ganáis en un día?
   Pero pues que porfiar
me manda Amor otra vez,
aunque me mate a las diez,
a las diez tengo de entrar,
   que, al fin, Leandro es mi nombre.

(Sale Patricio.)

Patricio — Caso es aquéste que asombra.
Ni parece hombre ni sombra.
¡Válgate el diablo por hombre!
   ¿Por adónde habrá salido?
Pero veo allí a Leandro.

Leandro — ¡Por Dios, señor Alejandro,
buen cuidado habéis tenido!
   ¡Pesia tal!, ¿dejeos aquí
y vaisos de aquesa suerte?
Señal que he visto la muerte.

Patricio — ¿Cómo?

Leandro — A su marido vi.
   Apenas tomo una silla,

cuando vele aquí al marido
mejor que si hubiera sido
llamado con campanilla.

Patricio ¿Y entró?

Leandro Pues ¿no había de entrar?
¡Buenas espaldas hicistes!

Patricio Y vos, ¿por dónde salistes?

Leandro Por ese propio lugar.

Patricio ¿Cómo?

Leandro Fue gran encubierta.
Al tiempo que el hombre entró,
por su lado salí yo
del encaje de la puerta,
que estaba metido allí.

Patricio ¡Bravo suceso, por Dios!

Leandro Todo por fiarme en vos.

Patricio ¡Sí, por Dios, culpado fui!
Aunque el Amor me disculpa,
que, así como entraste, vieron
mis ojos a los que fueron
de una desgracia la culpa.
Mientras a veros llegué,
como yo iba tan ciego,
pudo sucederos luego
lo que yo jamás pensé;

y a fe que si lo pensara,
y atento al caso estuviera,
otra cosa sucediera,
que mi honra disculpara.

Leandro

No por eso la perdéis,
y bien estáis disculpado;
si no me habéis ayudado,
agora me ayudaréis.
A las diez me manda entrar,
que ésta es hora muy segura;
aquella fue coyuntura
que no se puede excusar.
Yo tengo muchos amigos;
mas no fío mi secreto
de ninguno, que os prometo
que tengo muchos testigos.
A vos, que sois forastero
y tan hidalgo, está bien
daros cuenta de mi bien;
¿tenéis algún compañero
que se viniese con vos
para esta noche siguiente,
que esta casa tiene gente
y sois menester los dos?

Patricio

¡Bien decís! Digo que sí;
un amigo os quiero dar,
de quien os podéis fiar,
y tan bien como de mí.

Leandro

Pues quede aquí concertado
que aquí juntos me aguardéis
a las diez, donde estaréis

con el amigo tratado,
y sea un silbo la señal.

Patricio ¡Que me place! En todo estoy.

Leandro A mudar de traje voy.

Patricio El Cielo os guarde de mal.

Leandro Beso, señor, vuestras manos.

(Vase Leandro.)

Patricio Yo las de vuesa merced.
Que estaré a punto creed.
(Aparte.) (¡Él se me viene a las manos!
Ya no me puedo ofender
de este hombre de ningún modo,
pues me da cuenta de todo,
sin poderme conocer.
El amigo que traeré
para caso semejante
será el padre de Violante,
a quien la historia diré.
Que si él conmigo viene,
con sus ojos ha de ver
la que me dio por mujer
y la que por hija tiene.
¿Qué hago? Voile a llamar
para que venga conmigo,
que éste ha de ser el amigo
que me le ayude a matar.)

(Vase Patricio, y salen Roberto, Claudio, Adrián, y Lucrecio, vestidos de indio, de moro, de pastor, y de botarga.)

Claudio — Quitarme quiero aquesta negra máscara
que me calienta el rostro.

Adrián — Bien podremos
hasta que entremos de la puerta adentro.

Roberto — ¡Qué bueno va Lucrecio de morisco!
¡Parece el mismo Muza desterrado!

Lucrecio — Y vos, de indio, el mismo Atabaliba.
¡Galán salís, a fe de caballero!

Adrián — De mí ¿no lo diréis con el botarga,
a quien llaman Chuzón en las comedias?
Por puntos, corazón de zanahoria.

Claudio — Antes habéis querido que en buen talle
la proporción y gracia de los miembros
se vea y juzgue en ese desnudico,
bien propio, al mismo cuerpo diferente.
Mas yo, ¿no voy galán con el pellico?

Roberto — Vais por extremo, y rico, sobre todo.

Claudio — Comuniquemos, Adrián, las letras,
que no es razón para que tan secretas vayan,
pues somos todos una misma cosa;
porque si alguna hubiere malsonante,
podamos enmendarla o no decirla.

Adrián — Decís muy bien. Mi cédula se mire

acomodada al hábito y la barba
de aquel viejo marido de mi dama,
que ya, como sabéis, es rico y viejo.
«Lo que en el gusto amoroso
mi dama no satisfago,
con las galas se lo pago.»

Claudio ¡Extremada! ¡por Dios, que le picastes!
Solo falta que esté en el desposorio.
Diga Lucrecio.

Lucrecio Dice de esta suerte,
acomodada al traje de morisco:
«Por vos soy de aquesta ley,
que daros el alma a vos
no lo manda la de Dios.»

Roberto Es atrevida; pero pase, vaya.
Oíd la mía, que en el traje indiano
imito aquel galán de mi señora
que atropelló mis años de servicio
por el oro divino y poderoso.

«No por mí, sino por vos,
tierra donde yo nací,
no por vos, sino por mí.»

Lucrecio ¡Por Dios, que no la entiendo!

Adrián Yo tampoco.

Roberto Oíd, que es un coloquio extremadísimo.
Habla el indio primero con la tierra
diciendo que le quiere su señora

por la tierra, donde hay tanta riqueza;
y luego el oro responde a la tierra
que no por ella fue querido el indio,
sino por el que al fin lo vence todo.

Claudio: Doctores hay; entre ellos se argumente
y vos os entendéis, que es lo que importa.
Oíd y pagaréisos en la mía.
Yo me finjo un pastor que fue querido
y que por pobre me dejó mi dama,
o, por mejor decir, por otro rico.

Adrián: Todos sabemos esa historia, vaya.

«Dejas un pobre muy rico
y un rico muy pobre escoges;
si te ofendo no te enojes.»

Roberto: ¿Agora sale Claudio con aquesto?

Adrián: Vuélvala, por mi fe, al otro romance
de la estrella de Venus traqueado,
por todos los lacayos de la corte,
aguadores, picaños y fregonas,
y harán mejor que no fisgar las letras.

Claudio: Pues ¿es malo aplicar aquellos versos
si el poeta los hizo por los mismos?

(Salen un Alguacil y dos criados.)

Alguacil: ¿Qué gente? ¿Quién va allá? Todos se tengan
a la justicia.

Claudio Pues tenidos somos.

Alguacil ¿Quién son?

Adrián Cuatro de máscara y dos hachas.

Alguacil ¿No saben que no pueden en la corte
andar enmascarados por la calle?
Vuesas mercedes vengan a la cárcel,

Roberto ¿Tan pronto desconoce a los amigos?

Alguacil ¡Oh, Roberto! ¿Y adónde?

Roberto A un desposorio,
y nos hará merced de acompañarnos.

Alguacil Eso haré, por serviros, con buen gusto.
Vayan las hachas, que seguros vamos.

Claudio Bien nos ha sucedido. Da la vuelta
por esa calle, que las diez son dadas.

Roberto Hay colación y damas rebozadas.

(Vanse todos y sale Patricio con Belardo, viejo, su suegro.)

Belardo Si tal fuese verdad, desde aquí digo,
Patricio, que al fin eres mozo vano,
que ejecutor seré de su castigo
como verdugo fiero e inhumano.
No padre quiero ser, sino enemigo,
que de su sangre la paterna mano
bañaré más contento que aquel día

que la casé para desdicha mía.
Mira que eres mancebo y es posible
que alguna sospechilla, o el demonio,
con esa condición tuya insufrible,
enemigo mortal del matrimonio,
patente y claro te mostró visible
lo que será por dicha testimonio.
No ofendas a Violante noble y casta,
que para serlo ser mi hija basta.

Patricio

Si no queréis creer, señor Belardo,
todo lo que os he dicho de Violante,
en este mismo tiempo al hombre aguardo,
seguro de este caso semejante;
que no será tan perezoso y tardo
como vanaglorioso y loco amante,
que nos cuente en el punto lo que pasa,
y más que le veréis que entra en mi casa.

Belardo

¿Tal tengo de creer de una doncella
criada en un perpetuo encerramiento,
que el Sol entraba por milagro a vella
y de él se recataba el aposento?
¡Ah, Patricio, Patricio! Que con ella
hiciste aqueste indigno casamiento
enamorado y loco por tu amiga,
que, por ventura, a tal maldad te obliga.

(Sale Leandro, de noche.)

Patricio

Callad, Belardo, por Dios,
y disimulad, que viene.

Leandro (Aparte.)

(Veré si cuidado tiene.

Allí se pasean dos.
¿Si son ellos? Silbar quiero.)
¡Su! ¡Su! ¡Su!...

Patricio (Aparte.) (Señal es ésta.)
¡Su! ¡Su!

Leandro (Aparte.) (Señal es aquésta
del amigo forastero.
Quiérome un poco llegar.)
¿Es Alejandro?

Patricio Yo soy.

Leandro ¿Y quién más?

Patricio Quien dije hoy
que me viene a acompañar.

Belardo Vuesa merced se asegure
y se confíe de mí.

Leandro Y vuesa merced a mí
siempre mandarme procure;
que cuando esta obligación
a esto no me obligara,
la de Alejandro bastara,
que es mi medio corazón.

Belardo Él me ha dicho, mi señor,
vuestras prendas e hidalguía,
y así, como a él, querría
me tengáis por servidor.
Fuera de eso y de este caso

me avisó, y quiero advertiros
que el primer paso en serviros
será guardar este paso.

Leandro — A todo quedo obligado;
el secreto es importante.

Belardo — La dama, al fin, ¿no es Violante?

Leandro — La misma que habéis nombrado.

Belardo — Cuando estuvistes allá
¿por poco os viera el marido?

Leandro — Sí, por Dios; «abrí al marido»;
entiendo que cerca está,
que es un demonio celoso.
La puerta se abre; esperad.

Belardo — Pues alto, señor, entrad,
y Dios os haga dichoso.

(Éntrase Leandro.)

Esto es hecho. ¡Ah, triste viejo!
Desventurado, ¿qué aguardo?

Patricio — ¿Es verdad, señor Belardo?

Belardo — Hijo, en tus manos lo dejo.
Eres cristiano y discreto.

Patricio — Hasta agora no hay maldad;
pero quien da voluntad
lo mismo da que el efecto.
¡Vive Dios, que ha de morir!

Belardo
Hijo, vuelve aquesa espada
a aquesta vejez cansada,
tan harta ya de vivir.
  No quiero rogar por ella.

Patricio
De eso de rogar no trates.

Belardo
No digo que no la mates;
mas que a mí también con ella.
  Aquesa espada me acabe;
que pues soy el padre yo
que tu deshonra engendró,
no poca culpa me cabe.
  Dos hierros tengo delante:
uno y otro me destruya:
ese de la espada tuya
y el que comete Violante.

(Asómase Teodora a la ventana.)

Teodora
  ¡Ay, triste! Que es mi señor.
De todo voy a avisar.

Patricio
¿Quiéresme hacer dejar
la espada con el honor?
  ¿De rodillas te me pones
con tus canas venerables,
cuando es menester que hables
graves y honestas razones?
  Los padres viejos romanos,
por la patria o el honor,
los hijos, con más furor,
degollaban con sus manos.
  ¿Qué gloria, qué honor te traen

más clara que estas dos muertes
esas lágrimas que viertes
que por la barba te caen?
  ¡Oh, infame!, que así lo digo;
¿tú eres el que decías
que de tu hija serías,
no padre, sino enemigo?
  ¿Tú, que tomar esta espada
debieras de aquestas manos,
imitando a los romanos
dejarla en sangre bañada
  estás temblando, amarillo,
cuando ves que un brazo de honra
a la rama de deshonra
quiere poner el cuchillo?
  ¡Buen tronco! Y de tronco tal
tal rama, y de ella tal fruto.

Belardo

Si humedece el rostro enjuto,
Patricio, amor filial,
  no te espantes, que soy hombre;
mas por que veas quién soy,
quiero dejar desde hoy
fama eterna de mi nombre.
  Con esa espada, que tiene,
como cuchillo de esposo,
filo agudo y poderoso,
a ti matarle conviene.
  Anda, no tengas temor;
ninguna pena te aflija,
tú matarás a mi hija
y yo mataré al traidor.

Patricio

  Alto; mira que te advierto

que lo haré si no lo haces.

Belardo

¡Oh, espada, que al fin deshaces
un adúltero concierto!
Mas muera quien hoy deshonra
hija, suegros, padre y madre.
Aqueste es hecho de padre
que sabe de amor y honra.

(ale una estocada a Patricio y éste se cae.)

Patricio

¡Ay, muerto soy!

Belardo

Eso, sí;
que en ti mi deshonra muere.
Padre soy; quien padre fuere,
ponga los ojos en mí.
Si yo a mi hija mataba
como adúltera y lasciva,
dejaba deshonra viva
que para siempre duraba.
El honor ha de vivir.
Es mujer, y pudo errar;
y yo padre, y perdonar;
y éste mortal, y morir.
El irme será mejor;
quien me culpare, él se aflija;
que yo, sin matar mi hija,
he defendido mi honor.

(Vase, y salen dando voces, acuchillándose de adentro y dice Claudio.)

Claudio

¿Esto se usa en este desposorio?
¿Cuándo se vuelven a su casa?

Voces dentro ¡Afuera!
¿Bueno es que vengan a afrentar los hombres
con sátiras envueltas en letrillas?

Claudio Huyamos, pesia tal, que es un ejército.

Roberto El uno he conocido.

Adrián Son doscientos.

(Vanse, y sale un Alguacil, y gente, y tropieza el Alguacil en el muerto, y en algunas máscaras.)

Alguacil ¡Ténganse aquí! ¡Favor a la justicia!
¡Cuerpo de tal! Sin falta es hombre muerto.

Criado ¡Ah de esta casa! Gente suena. Lumbre,
que queda en esta calle muerto un hombre.

(Salen Teodora con un candil, y el Escudero con linterna, y unos anteojos.)

Teodora Paso, señor. ¿Qué voces son aquéstas?

Escudero ¡Ay, triste! Yo conózcole sin falta.
¿Aquéste no es Patricio?

Teodora ¡Ay, santo Cielo!
¡Ah, señora, señora, tu marido!

Alguacil ¡Pobre de mí, que el buen Patricio es muerto!
Alumbrad esa luz. ¿Qué es esto? ¿Máscaras?

Escudero Oigan, que enmascarados le mataron.

Alguacil — No quiero yo, por Dios, mejor indicio.
Meted aquese cuerpo sin ruido.
Iré a dar parte de esto a quien al punto
venga a tomar información del caso.

(Vanse el Alguacil y criados.)

Teodora — Tenle de aquesa parte, que Violante
debe de estar, sin duda, desmayada.

Escudero — Él era de la esgrima principiante.
Por la nalga le dieron la estocada.

Teodora — Entra, ¡pobre de mí!

Escudero — Ve tú delante.

(Meten el cuerpo, y sale Violante.)

Violante — ¿Qué salida es aquesta acelerada,
¡triste de mí!, que apenas he salido
cuando me traen muerto a mi marido?

(Sale Leandro.)

Leandro — ¿Qué es aquesto, mi señora?

Violante — No sé, ¡triste!, que estoy muerta.
En el umbral de esa puerta
mi marido han muerto agora.

Leandro — ¡Vuestro marido! ¿Es posible?
¿No me diréis de qué suerte?

Violante — Una mujer fue su muerte
y un amor incorregible.
Por una Eugenia, su amiga,
habrá algún competidor
acabado con su amor
por su celosa fatiga.
Aunque nunca con él tuve
una hora de paz conmigo,
y harto más por enemigo
que por marido le tuve,
debo llorar con razón,
que al fin fue mi compañía.

Leandro — Pues aquí tendréis la mía
y un abierto corazón.
Esa mano hermosa pido,
y no penséis que os engaño;
dejemos pasar el año,
que seré vuestro marido.

Violante — Ya que aquesta desventura
me ha querido enviar el Cielo,
con vos, señor, me consuelo,
y esa mano me asegura.

Leandro — Dadme aquésa y convertid
hoy en gloria su tragedia.
Aquí acaba la comedia
de Las Ferias de Madrid.

Fin de la comedia

Libros a la carta

A la carta es un servicio especializado para
empresas,
librerías,
bibliotecas,
editoriales
y centros de enseñanza;
y permite confeccionar libros que, por su formato y concepción, sirven a los propósitos más específicos de estas instituciones.

Las empresas nos encargan ediciones personalizadas para marketing editorial o para regalos institucionales. Y los interesados solicitan, a título personal, ediciones antiguas, o no disponibles en el mercado; y las acompañan con notas y comentarios críticos.

Las ediciones tienen como apoyo un libro de estilo con todo tipo de referencias sobre los criterios de tratamiento tipográfico aplicados a nuestros libros que puede ser consultado en Linkgua-ediciones.com.

Linkgua edita por encargo diferentes versiones de una misma obra con distintos tratamientos ortotipográficos (actualizaciones de carácter divulgativo de un clásico, o versiones estrictamente fieles a la edición original de referencia).

Este servicio de ediciones a la carta le permitirá, si usted se dedica a la enseñanza, tener una forma de hacer pública su interpretación de un texto y, sobre una versión digitalizada «base», usted podrá introducir interpretaciones del texto fuente. Es un tópico que los profesores denuncien en clase los desmanes de una edición, o vayan comentando errores de interpretación de un texto y esta es una solución útil a esa necesidad del mundo académico.

Asimismo publicamos de manera sistemática, en un mismo catálogo, tesis doctorales y actas de congresos académicos, que son distribuidas a través de nuestra Web.

El servicio de «libros a la carta» funciona de dos formas.

1. Tenemos un fondo de libros digitalizados que usted puede personalizar en tiradas de al menos cinco ejemplares. Estas personalizaciones pueden ser de todo tipo: añadir notas de clase para uso de un grupo de estudiantes, introducir logos corporativos para uso con fines de marketing empresarial, etc. etc.

2. Buscamos libros descatalogados de otras editoriales y los reeditamos en tiradas cortas a petición de un cliente.

www.ingramcontent.com/pod-product-compliance
Lightning Source LLC
La Vergne TN
LVHW041253080426
835510LV00009B/719

* 9 7 8 8 4 9 8 1 6 2 0 4 2 *